Staats- und socialwissenschaftliche Forschungen

herausgegeben

von

Gustav Schmoller.

Achter Band. Viertes Heft.

(Der ganzen Reihe fünfunddreissigstes Heft.)

Breysig: Der Prozess gegen Eberhard Danckelman.

Leipzig,
Verlag von Duncker & Humblot.
1889.

Der Prozess

gegen

Eberhard Danckelman.

Ein Beitrag

zur

brandenburgischen Verwaltungsgeschichte

von

Curt Breysig.

Leipzig,

Verlag von Duncker & Humblot.

Pierer'sche Hofbuchdruckerei. Stephan Geibel & Co. in Altenburg.

Vorwort.

Nicht den unwichtigsten Teil der Arbeit, die Droysens Geschichte der Preufsischen Politik zu thun übrig gelassen hat, bildet die Aufgabe den besonderen Anteil zu erforschen, den unter und neben den Herrschern ihre ersten Räte an der Leitung des Staates genommen haben. In der Absicht einem von ihnen meine Aufmerksamkeit zuzuwenden, hielt ich Umschau unter den Staatsmännern, die in dem Jahrhundert der Gründung der brandenburgisch-preufsischen Monarchie der Krone zur Seite gestanden haben, und fafste bald den Plan Eberhard Danckelmans Administration zu untersuchen, da keiner von ihnen einen so umfassenden Einflufs ausgeübt hat, keiner in dem Mafse leitender Minister gewesen ist, wie er. Aber schon bei den ersten vorbereitenden Schritten ward ich inne, ein wie weit aussehendes und trotzdem in sich unvollkommenes Unternehmen die im Querschnitt alle Gebiete der Staatsverwaltung berührende und dabei zeitlich auf wenige Jahre beschränkte Darstellung sein würde, die der Stoff erfordert. Ich wurde sogleich zu ganz anderen, spezielleren Studien geführt. Nur ein Resultat von allgemeinerer Bedeutung blieb mir von dem ersten Bearbeitungsversuch: ich hatte die Akten des Prozesses durchblättert, der nach Danckelmans Sturz gegen ihn angestrengt wurde. Was ich ihnen entnehmen konnte, schien mir auch an sich eines selbständigen Interesses nicht zu entbehren; begleitet von einem — nur aus äufseren Rücksichten nicht zur Einleitung gezogenen — Abschnitt, der das über Danckelmans Thätigkeit aus dem veröffentlichten Material Bekannte mit dem Ertrage einiger eigenen Studien zusammenfafst, bildet es die vorliegende Arbeit.

Nur ein bescheidenes Ergebnis bietet sie dar: die bisherige Anschauung über Danckelmans Verwaltung konnte nur im Einzelnen begründet, nicht geändert werden; nur in den Details vermochte ich Neues zu bringen.

Pflicht und Freude ist es mir, auch an dieser Stelle Allen, die dieser Arbeit Unterstützung angedeihen liefsen, meinen aufrichtigsten Dank zu sagen, Herrn Professor Dr. Schmoller und Herrn Professor Dr. Koser für vielfachen gütigen Rat, dem Herrn Direktor des Geheimen Staatsarchivs, Wirklichen Geheimen Oberregierungsrat Professor Dr. von Sybel für die Liberalität, mit der mir die Benutzung der Akten ermöglicht wurde, und den Herren Archivaren des Geheimen Staatsarchivs, insbesondere Herrn Geheimen Archivrat Reuter und Herrn Archivassistenten Dr. Arnold für die freundliche Hilfleistung, durch die sie mir das archivalische Material zugänglich machten.

Berlin, den 29. Januar 1889.

Curt Breysig.

Inhaltsübersicht.

Einleitung.

In zwei Entwicklungsreihen bewegen sich Bildung und Wachstum des aufkommenden absolut-monarchischen Staates der neueren Zeiten. Zuerst und vor allem wird die Persönlichkeit des Herrschers selbst der Träger der neuen unbedingten und unbeschränkten Staatsgewalt; kein Zweifel, die Geschicke der Völker werden im höchsten Maſse abhängig von dem Wechsel der Inhaber des dynastischen, wie ein erworbenes Gut in den Herrschergeschlechtern vererbten Rechtes. Sehr früh aber hat sich neben der fürstlichen Gewalt ein zweiter Faktor im Staatsleben erhoben, als ein sie stützendes, ergänzendes, die Mängel ihrer Wandelbarkeit ausgleichendes Element — das Beamtentum. Es entstand, als die unablässige Erweiterung der Aufgaben des Gemeinwesens eine fortwährende Vermehrung, eine stets fortschreitende Gliederung und Schulung der Berater und Diener des Fürsten notwendig machte. Es wurde, gestärkt und gehoben durch die in ihm sich sammelnde Summe geistiger Kraft, durch seine die einzelnen Regierungen überdauernde Kontinuität, zwar der Krone in seiner untergebenen Stellung bei weitem nicht ebenbürtig; aber es blieb — mannigfaltig auf sie zurückwirkend — doch auch keineswegs durchaus von ihr abhängig. Wo ein an Geistes- und Willensstärke hervorragender Herrscher an der Spitze des Staates steht, macht sich dies Verhältnis in geringerem Maſse geltend: ihm ordnen sich die Organe seiner Gewalt zuerst und am meisten unter; es wird um so mehr offenbar, wenn ein minder herrschgewaltiger Fürst an seine Stelle tritt; ja, eben der Umstand, daſs das Beamtentum jenem ein gefügiges Werkzeug war, kann seine Selbständigkeit dem Nachfolger gegenüber steigern; denn es wirken dann in ihm die Impulse eines früheren stärkeren Willens nach, als dessen Vollstrecker es — nicht selten zum Heile des Staates — der Träger einer über individuelle Schwankungen hinausgehobenen Tradition wird.

Es ist der Ruhm des brandenburgisch-preussischen Beamtentums schon früh — sobald der Herrscher, der es geschaffen, die Augen geschlossen hatte — eine solche Mission auf sich genommen und eine Zeit lang nicht ohne Erfolg durchgeführt zu haben; es dazu befähigt zu haben, ist der gröfsere Ruhm des Kurfürsten Friedrich Wilhelm. Aus der Fremde und im Lande, unter Offizieren und Juristen, Adligen und Bürgerlichen erlesen, bildeten die Schwerin und Blumenthal, die Fuchs und Meinders, Jena und Spanheim, Gladebeck und Grumbkow, Canstein und Knyphausen jene Beamtengeneration des ausgehenden siebzehnten Jahrhunderts, die zwar noch weit entfernt von der fachmäfsigen Ausbildung, der büreaukratischen Ordnung und selbst der sittlichen Läuterung der Zeiten Friedrich Wilhelms I, dennoch eine Fülle staatsmännischen Talents bewies und in Diplomatie und Verwaltung das Gröfste leistete; noch mehr, jene Männer sind dem Grofsen Kurfürsten nicht allein die geschmeidigsten Werkzeuge für die Arbeit seines Lebens geworden, er hat sie auch so weit mit seinem Genius, seinen Grundsätzen und vor allem seinem feurigen Eifer für diesen Staat erfüllt, dafs, als ein Schwächerer ihn ersetzen sollte, die jüngeren von ihnen und ein in den unteren Schichten inzwischen geschulter fähiger Nachwuchs die brandenburgische Politik noch eine Reihe von Jahren in den Bahnen, die er ihr gewiesen, zu halten vermochten. Und das geschah, man kann es nicht anders sagen, fast ohne merkliche Förderung durch den neuen Fürsten, nur zu oft selbst gegen seine Neigungen, und nicht selten von ihnen gestört und durchkreuzt; es geschah, obwohl es auch sonst weder auswärts, noch im Innern an Schwierigkeiten und Hemmnissen der mannigfaltigsten Art fehlte.

Wenigstens in der auswärtigen Politik haben denn auch all' die widrigen Einwirkungen in dieser Epoche — dem ersten Jahrzehnt der Regierung Friedrichs III. — wenig mehr als eine Erhaltung des Bestehenden zu Stande kommen lassen, obwohl gerade sie in die Hände des Mannes gelegt war, der unter den jetzt aus der zweiten Reihe Emporkommenden der Bedeutendste war und bald auch die Älteren überflügelte, Eberhard Danckelmans. Aber eben hier machten sich jene Hindernisse am stärksten geltend: zunächst die allgemeine Lage war beim Regierungswechsel eine keineswegs günstige.

In den Jahren 1688 und 1689 vollzog sich in dem Gange der europäischen Politik eine Wendung, die, so erfreulich sie von dem von Brandenburg selbst damals eingenommenen Standpunkt aus scheinen mochte, doch wenig geeignet war, Gewicht und Bedeutung eines eben erst zusammengeschweifsten und noch keineswegs vollständig zu einem Ganzen verschmolzenen Staatswesens, das weder an Gröfse noch Bevölkerungszahl auf der ersten Stufe stand, zu vermehren. An diesen Umschwung, der einen denkwürdigen Wendepunkt in der Entwicklung der universalen Verhältnisse darstellt, und seine notwendigen Konsequenzen zu erinnern genügt ein Blick auf die Abwandlung der internationalen Kombinationen in dem vorangegangenen Menschenalter.

Seit Mitteleuropa nicht mehr die Herrschaft einer spanisch-österreichischen Hegemonie zu fürchten hatte, verging nicht lange Zeit und man hatte alle Veranlassung, den Staat, der — am frühesten auf dem Kontinent zu einer politischen Einheit gefügt — unter der Leitung seiner beiden grofsen Kardinäle das Meiste zur Beseitigung jenes Übergewichts beigetragen hatte, mit ganz ähnlichen Besorgnissen wie einst die Macht der Habsburger anzusehen. Sehr langsam aber hat sich diese Anschauung bei den bedrohten Staaten Bahn gebrochen; es war ein unendlicher Vorteil für das Streben der französischen Krone nach einer dominierenden europäischen Stellung, dafs die Gegner nach einem Zeitalter von Religionskriegen durch die Verschiedenheit des Glaubensbekenntnisses wie durch eine ungeheure Kluft geschieden waren, die zu überbrücken es erst langer Jahre diplomatischer Arbeit bedurfte. Der erste in der Reihe der französischen Expansionsversuche, der Angriff auf die in beispiellos raschem Verfall herabgesunkene spanische Monarchie, rief zwar die Tripelallianz evangelischer Staaten hervor, die dem Schattenbilde der eben noch als eine ungeheure Gefahr auf dem europäischen Protestantismus lastenden katholischen Weltmacht einen erträglichen Frieden verschaffte. Aber wie wenig die inneren Gegensätze des nichtfranzösischen Europas überwunden waren, zeigte der nächste Vorstofs Frankreichs, die Invasion Hollands, und der Verlauf des sich an sie knüpfenden Krieges. Nicht allein, dafs die beiden einstigen Verbündeten durch das Meisterstück eines diplomatischen Vorfeldzugs aus dem Spiele gebracht waren, Schweden trat sogar in das alte Bündnis mit der französischen Krone zurück, und nur der weitblickende Brandenburger kam der Republik sogleich zu Hilfe, der Kaiser erst nach langem Zögern — und als die friedensselige Kaufmannsaristokratie der Niederlande selbst, uneingedenk der Lehren des Jahres 1672, sich zurückzog, schlofs die Hofburg, von dem einen Alliierten verlassen, eifersüchtig auf die Erfolge des anderen, einen schmählichen Frieden; der Kurfürst mufste sich fügen. Ungehemmt schritt auch nach Beendigung des Krieges die Ausdehnung der französischen Herrschaft fort, keine Grenzen schienen ihr mehr gesteckt zu sein — aber gerade jetzt bereitete sich die stärkste, die endgültige Reaktion vor. Wilhelm III., in dem nunmehr Ludwig der furchtbarste Gegner erstand, führte das Augsburger Bündnis herbei, das, an sich nur defensiver Natur, doch die erste Etappe auf dem Wege zu einer Zusammenfassung aller Mächte war. Dann traf eine ganze Reihe der wunderbarsten Komplikationen zusammen, die dem grofsen

Oranier die Durchführung seines Lebensplanes erleichterten: der Zwist zwischen dem allerchristlichsten Könige und dem Haupte der katholischen Kirche, die Verblendung des jeder politischen Umsicht baren Stuarts, der rätselhafte Mifsgriff des Königs von Frankreich, nicht den Hauptfeind, sondern das wehrlose Reich anzugreifen. Die Thatkraft und der geniale Blick Wilhelms haben nichts unbenutzt gelassen: es erfolgte die Wiedereinbeziehung Englands in das kontinentale System, nachdem durch anderthalb Jahrzehnte sein Einflufs auf alle auswärtigen Vorgänge durch das an König und Parlament abwechselnd mit väterlich ausgleichender Gerechtigkeit ausgeteilte französische Gold paralysiert gewesen, und sodann die grofse Allianz vom 12. Mai 1689, in der der bigotte Leopold, durch die Inaussichtstellung einer Unterstützung in der spanischen Erbfolgefrage vollends gewonnen, dem Retter des englischen Protestantismus die Hand reichte. Damit war die Peripetie in dem grofsen Kampfe gegen Ludwigs hegemonische Tendenzen eingetreten; war der nächste Krieg auch äufserlich wenig erfolgreich, er und noch mehr der spanische Erbfolgekrieg — in dieser Beziehung der letzte Akt des Dramas — haben die gänzliche Entkräftung Frankreichs herbeigeführt, ihm auf lange hinaus jedes Streben nach einer übermächtigen Stellung verboten.

Als Friedrich III. seinem Vater folgte, war von den entscheidenden Schlägen noch keiner gefallen; aber die sich vorbereitenden Ereignisse, die dann bald genug eintraten, bargen auch für die brandenburgische Politik eine Krisis in sich. Dem Grossen Kurfürsten zwar hatte gerade der Zerfall der ersten Einigung zwischen Holland und dem Kaiser den Gewinn des glorreichen Tages von Fehrbellin und vier glücklicher Feldzüge geraubt, ihm die Schmach von St. Germain auferlegt; aber daran ist doch kein Zweifel, dafs auch bei dem sich wiederum anbahnenden Zusammenschlufs der grofsen Mächte Brandenburg an Ansehen und Einflufs einbüfsen, seine Hilfe im Preise sinken mufste. Von einer Wahl, welcher Partei man sich anschliefsen wolle, konnte kaum die Rede sein: das Versprechen Friedrich Wilhelms, den Oranier zu unterstützen, die ausgesprochene Stellung, die Friedrich selbst schon als Kurprinz gegen Frankreich eingenommen, das nationale Gefühl den pfälzischen Gräueln gegenüber, die reichsfürstliche Pflicht, die Anschauung, die man in Brandenburg selbst über die Notwendigkeit der Bekämpfung Ludwigs hegte[1]), endlich die Schwierigkeiten einer zuwartenden, ge-

---

[1]) „Zu Erhaltung der teuren Freiheit und absonderlich der protestantischen Religion und Bornierung der französischen intendierten Monarchie“ habe der Kurfürst den Krieg unternommen, heifst es in Danckelmans erster Verteidigungsschrift, dem Vorbericht (Art. 28).

schweige denn einer den Franzosen freundlichen Position — alles wies den Kurfürsten auf den rücksichtslosen Anschlufs an Wilhelm hin. Und wenn dann, wie es nicht ausbleiben konnte, dieser Zwangslage und dem Verhältnis eines „Accessoriums“, in das man den grofsen Mächten gegenüber, wie es der Grofse Kurfürst befürchtet, hatte treten müssen, allerlei Ärgernisse des Allianzkrieges, die lässige Bezahlung der fremden Subsidien und die formellen Zurücksetzungen, die man beim Abschlufs des Friedens erlitt, thatsächlichen Ausdruck gaben, so bleibt es doch zweifelhaft, ob man ihnen überhaupt entgehen, ob sie auch ein gröfserer Staatsmann als Danckelman hätte abwenden können. Vielleicht ist deshalb der Vorwurf, den man dem leitenden Minister aus seinem Anschlufs an den Oranier macht[1]), nicht so begründet, wie es wohl scheinen möchte: zudem war von dem universalen Gesichtspunkte aus, den man auch in Brandenburg eingenommen hatte, mit der Anerkennung des protestantischen Königtums ein Hauptziel des Krieges erreicht, und auch an besonderen Vorteilen für den eigenen Staat fehlte es nicht ganz. Neufchâtel war dem Kurfürsten verschrieben, die Gesamterbschaft des oranischen Hauses hat Wilhelm versprochen — dafs man aus diesem Munde nicht offenbare Täuschung vermuthete, wer will das der brandenburgischen Diplomatie vorwerfen?

Während man nun aber wenigstens übrigens so viel nur möglich freie Hand zu behalten bemüht sein mufste, hat eine partikulare Verwicklung, durch des Kurfürsten persönliches Eingreifen veranlafst, die brandenburgische Politik nach einer andern Seite lähmend beeinflufst. Eben hier zeigte sich, was den neuen Herrscher von dem, der dahingegangen, unterschied: wenn dieser über dem Interesse seines Staates jede andere Rücksicht vergafs, so traten jetzt allerlei persönliche Motive und allerlei, man möchte sagen, private Bestrebungen des Fürsten in den Vordergrund. Friedrich III., niemals unedel in seinen Intentionen, wufste diese, die dennoch nicht immer mit der alleinigen Sorge für den Nutzen des Gemeinwesens zu vereinigen waren, seinem Regentenberufe nicht überall unterzuordnen; häufig wurden sie vielmehr mafsgebend. Sie haben sich auch in den auswärtigen Angelegenheiten gel-

---

[1]) Auch der Kurfürst that es; nur politische Rücksichten bewirkten es, dafs ein besonderer Artikel darüber in die 31 Anklagepunkte nicht aufgenommen wurde. Aber es darf dieser Anschauung gegenüber doch nicht unbemerkt bleiben, dafs Danckelman später behauptete, er sei bei den Schwierigkeiten, die auch Wilhelm bei den Subsidienzahlungen machte, schon seit 4, 5 Jahren (von 1697 rückwärts) für die Abberufung des Londoner Gesandten gewesen (Art. 5 des Vorberichts) — eine Aussage, die dadurch an Glaubwürdigkeit gewinnt, dafs sie an einer diesem Gegenstand sonst ganz fernliegenden Stelle und an sich nicht zur Abwehr gemacht wurde.

tend gemacht. Schon als Thronfolger hatte er, in dem Wahne, die Politik seines Vaters korrigieren zu müssen, es über sich gebracht, durch den unseligen Revers vom 28. Februar 1686 hinter dem Rücken des Herrschers einen Vertrag, durch den dieser der Hofburg einen mühsam erstrebten Vorteil abzuringen gedachte, zu nichte zu machen — nicht, wie er es später darstellte, durch falsche Vorspiegelungen verlockt, sondern mit dem vollen Bewufstsein von der Tragweite seines Schrittes [1]). Dann als die Stunde der Einlösung des gegebenen Wortes kam, schreckte er vor dem Odium der Ausführung zurück: zuerst schob er die gefürchtete [2]) Aufklärung seiner eigenen Räte auf; dann führte er durch die Behauptung, dafs der Revers erschlichen sei, die er auch ihnen gegenüber aufrecht erhielt [3]), eine Verzögerung der Angelegenheit herbei, die, ohne die endliche Rückgabe von Schwiebus verhindern zu können, Brandenburg Jahre lang in eine schiefe Stellung zum Kaiser brachte und manche Unannehmlichkeiten im Gefolge hatte [4]). Durch die bei der Aufsetzung des Retraditionstraktats durchgesetzte Auslassung eines erneuten Verzichts auf die alten Ansprüche Brandenburgs ist dann wenigstens die formale Möglichkeit einer Revidierung der alten Streitsache offen gehalten worden, eine Möglichkeit, die auch Danckelman vorgeschwebt hat [5]).

Kaum aber war durch den Entschlufs zur Rückgabe von Schwiebus das Verhältnis zum Wiener Hofe ein klares geworden, so wurde der Kürfürst durch seinen Wunsch, die Königswürde zu erwerben, von neuem in die Position eines Heischenden zu ihm gebracht. Schon zuvor finden sich Spu-

---

[1]) Daran kann nach der Veröffentlichung des entscheidenden Berichts von Fridag (vom 11./12. März 1686 bei Přibram, Österreich und Brandenburg 1685—1686 (1884) S. 95 ff.) nicht der geringste Zweifel mehr obwalten.

[2]) „S.A.E. . . . m'a dit que cette affaire le tenoit extremement au coeur, que pendant plusieurs nuits elle n'avoit sceu prendre aucun sommeille, et qu'a la fin cette chose l'inquietoit, non par ce qu'elle avoit promi cette restitution, mais qu'elle en craignoit les reprosches de tous ceux a qui feu son pere en avoit escrit, qu'elle y apprehendoit ses parents et ancore d'autres“, schreibt Fridag am 22. Juli 1688. (Přibram, Österreich und Brandenburg 1688—1700 (1885) S. 202.)

[3]) Vgl. die Mitteilung an die Geheimen Räte vom 9. Sept. 1689 bei Droysen IV. 4 S. 187 f. Er scheint Danckelman etwas mehr, wenn auch nicht den vollen Sachverhalt mitgeteilt zu haben; wenigstens lassen die Worte des Vorberichts (Art. 15) „den Revers aber zu annullieren haben Sie nimmer resolvieren wollen und fand sie neben andern Ursachen, die Ihr am besten bekannt sein müssen . . .“ sich so deuten.

[4]) Bei der Königswahl, bei der Verteilung der Quartiere. Vgl. Přibram 1688—1700 S. 46 ff.

[5]) „Seien Brandenburgs Ansprüche erheblich, so werde es den Nachfolgern am Kurhause Brandenburg nicht an Gelegenheit fehlen, sie geltend zu machen.“ (Vorber. Art. 15).

ren des Einflusses dieser Idee auf die Politik Brandenburgs[1]). Von dieser Zeit an begann die Zahlung des ungeheuren Preises, den diese Krone gekostet hat; denn sehr mit Recht hat Paul Fuchs, der einsichtigste der brandenburgischen Diplomaten jener Tage, die Meinung vertreten, dafs der Kaiser von da ab, nur weil er in der Verweigerung seiner Zustimmung eines nie seine Wirkung verfehlenden Pressionsmittels sicher war, dem Kurfürsten fast in allem zuwider gewesen sei[2]). Aber wenn der erbitterte Gegner Danckelmans damit gegen ihn den härtesten Vorwurf zu schleudern dachte, so traf er allein den Kurfürsten selbst. Denn an keinem Gedanken hat Friedrich III. so mit ganzer Seele gehangen, wie an diesem; seinem unerschütterlichen Entschlufs konnte auch der erste Minister bei allem Widerspruch — und an dem hat er es nicht fehlen lassen[3]) — sich nicht widersetzen. Ja, wenn Brandenburg in diesen Jahren einmal einem kaiserlichen Uebergriff noch energisch entgegentrat, wie in der Güstrower Sequesterangelegenheit, war es auf Danckelman zurückzuführen. Derselbe Fuchs aber, der 1698 den Oberpräsidenten der angeblichen Unterstützung des Königsprojektes wegen wie einen Hochverräter anklagte[4]), hat anderthalb Jahre später das Unternehmen in einem motivierten Votum gebilligt[5]).

So weist die auswärtige Politik der Epoche zwar nicht jene Reihenfolge von unheilvollen Fehlern der späteren Periode der Regierung Friedrichs III. auf, aber mehr als halbe Erfolge hat das nie unterbrochene Hineinspielen persönlicher Motive doch nicht zustande kommen lassen. Nicht so in der inneren Verwaltung, obwohl es auch hier nicht geringere Hemmnisse und Widrigkeiten zu überwinden, nicht leichtere Aufgaben zu lösen galt.

Zwar die Voraussetzungen einer gesunden politischen Entwicklung, die Staatseinheit und die unbedingte Unterwerfung der ständischen Gewalten unter den monarchischen Willen, waren vom Grofsen Kurfürsten geschaffen und für alle Zeiten gesichert worden; aber es war zu Beginn des neuen Regimentes nötig, eine Mafsnahme rückgängig zu machen, zu der

---

[1]) S. die Instruktion N. B. Danckelmans für den Abschlufs eines neuen Vertrages über die Türkenhilfe vom 9. Mai 1693 bei Droysen IV. Bd. 1 S. 94. (Vgl. Přibram 1688—1700 S. 108 ff.)

[2]) In seinem Votum vom 30. Jan. 1698 (s. Přibram 1688—1700 S. 126).

[3]) S. die Auseinandersetzungen darüber bei Bresslau (und Isaacsohn), Der Fall zweier preufsischer Minister (1878) S. 14 ff. und bei Přibram 1688—1700 S. 124 Anm. 1 (auf Grund der besonderen Denkschrift Danckelmans vom 8. Dezember 1700).

[4]) Bemerkenswert ist, dafs er die Erlangung der Königswürde dem Kurfürsten gegenüber als ein „chimeriques Ding“, eine „pur lautere Unmöglichkeit“ bezeichnet (Denkschrift vom 30. Jan. 1698).

[5]) Memorial vom Nov. 1700 s. Salpius, Paul von Fuchs S. 152 f.

man den alternden Herrscher bewogen und die durch dynastische Zersplitterung sein eigenes Werk zu gefährden drohte, die Versorgung seiner Söhne zweiter Ehe durch territorialen Besitz. Daſs sie abgewandt, daſs also der einzige Flecken getilgt wurde, der den Glanz der vergangenen Regierung hätte entstellen können, war vor allem der Festigkeit und dem Geschick Danckelmans zu danken, der die schwierigen Unterhandlungen mit den Markgrafen von Schwedt zum glücklichen Ende führte. Indessen nur in dem Schoſse der kurfürstlichen Familie selbst hatte sich der Gedanke an eine Auflösung der Gebietseinheit regen können; im Lande selbst hätten sich partikulare Tendenzen kaum mehr hervorgewagt. Denn längst vergangen waren die Tage, da die ständischen Körperschaften im Osten und Westen die gefährlichsten Feinde des jungen Staates gewesen waren: wo noch Landtage stattfanden, blieb ihnen wenig mehr als die formale Bestätignng der Vorlagen der kurfürstlichen Regierung und die unverbindliche Vorbringung von Wünschen und Beschwerden. So zähe auch der Widerstand sein mochte, den der Adel noch immer der faktischen Durchführung von ihm widerwärtigen Maſsnahmen entgegensetzen konnte, als Körperschaft besaſs er nirgends mehr einen politischen Einfluſs. Den ersten Minister des Herrschers in ihre Reihen aufzunehmen, wetteiferte die clevische und preuſsische Ritterschaft mit der pommerschen [1]); um ihm ein Geschenk darzubringen suchten die märkischen Stände die Erlaubniſs zur Aufnahme einer besonderen Anleihe nach [2]). Die Aufgaben dieser Administration lagen auf einem anderen Gebiete.

Die politische Entwickelung war in Brandenburg der wirtschaftlichen weit vorangeeilt, eine Ungleichheit, die zuletzt immer wieder dem Staate selbst am beschwerlichsten werden, ihm den Fortschritt in jeder Richtung hemmen und lähmen muſs. Das Land, schon von der Natur in seinem gröſseren Teile kärglich bedacht, hatte noch Jahrzehnte nach dem dreiſsigjährigen Kriege unzählige Wunden, die er ihm geschlagen, zu heilen; es war, an sich noch fast durchaus Ackerbauland, in industrieller und kommerzieller Beziehung vom Auslande und von den gröſseren deutschen Nachbarstaaten noch abhängiger, als diese ihrerseits von jenem, obwohl auch sie noch unter der stärksten Depression von Handel und Gewerbe litten; es setzte in seiner territorialen Zerrissenheit dem ersten Ziele merkantilistischer Wirtschaftspolitik [3]),

---

1) Danckelmans „Unterthänigster Vorbericht“ vom 10. Juli 1698, Art 15 und 9. In dem Hymnus des Gregorius Gemini auf ihn, „Strena Votiva“, (1695) heiſst es „Te . . . . Pommeranicus excipit ordo“.

2) Rescr. vom 15. Nov. 1695.

3) Dieses Moment hervorgehoben, es an die Stelle eines Chaos von Detail-„Merkmalen“ gesetzt und dadurch mit einem Schlage für eine

der Zusammenfassung bisher getrennter Landschaften zu einem auch ökonomisch geeinten Staatsganzen, schier unüberwindliche Hindernisse entgegen — und bei all dem sollte es in einem europäischen Kriege, der diese ganze Epoche hindurch währte, die Rolle einer Macht zum mindesten zweiten Ranges, die ihm der Grofse Kurfürst errungen, aufrecht erhalten und daneben die Kosten eines kunst- und prachtliebenden Hofes tragen. Wahrlich, die Vermittelung zwischen dem heischenden Staate und den zu belastenden Unterthanen konnte nicht schwieriger, das Mifsverhältnis zwischen Bedürfnissen und Hilfsquellen konnte nicht stärker, die der Finanzverwaltung gestellte Aufgabe nicht gröfser sein! Und gerade hier ist in diesen Jahren das brandenburgische Beamtentum am erfolgreichsten gewesen; gerade hier hat es die Bahnen des Grofsen Kurfürsten am wenigsten beirrt innegehalten, ist es noch über sie hinaus schöpferisch vorgegangen, hat es noch manches neue Fundament gelegt für den mächtigen Bau, den dann Friedrich Wilhelms I. Meisterhand aufführen sollte.

In dem einen Zweige der Finanzadministration, der Kammerverwaltung, hat das Zusammenwirken eines genialen Organisators mit einem Praktiker von durchdringendem Scharfblick und umfassender Detailkenntnis die gröfsten Erfolge erzielt. Indes Dodo von Knyphausen der ihm schon vom Grofsen Kurfürsten anvertrauten Domänen- und Regalienverwaltung in der Geheimen Hofkammer eine kollegialische Spitze gab und damit den Grundstein für die künftige Zentralbehörde des preufsischen Staates legte, hat unter seiner Leitung Christian Friedrich Kraut, ein Mann, der nach Art mancher französischer Surintendanten von ebenso zweifelhafter Ehrlichkeit als unbestreitbarer Befähigung war, in dem Zeitraum von acht Jahren den Reinertrag der Kammerverwaltung auf das doppelte gesteigert Der schon vor 1688 — seit dem Amtsantritt Knyphausens — begonnenen, nun mit gesteigerter Energie geförderten Einführung der Domänenverpachtung war dies glänzende Resultat zu danken. Dadurch ermöglichte gemeinnützige Unternehmungen, insbesondere die Eröffnung einer Hauptverkehrsader für das neugewonnene Herzogtum Magdeburg durch Erbauung der Saalschleusen und die fortgesetzte Ansiedelung französischer und schweizerischer Emi-

---

grofse und reiche Epoche der europäischen Geschichte eine gerechte und wahrhaft historische Beurteilung herbeigeführt, für ihre Würdigung die lösende Formel gefunden zu haben, ist die seltene Bedeutung des Aufsatzes „das Merkantilsystem in seiner historischen Bedeutung", der den allgemeinen Prodromus zu den „Studien über die wirtschaftliche Politik Friedrichs des Grofsen und Preufsens überhaupt von 1680 bis 1786" von Gustav Schmoller bildet. (Nr. II. Jahrbuch für Gesetzgebung, Verwaltung und Volkswirtschaft im deutschen Reich N. F. VIII. (1884) S. 15 ff.).

granten, gingen Hand in Hand mit administrativen und technischen Reformen. Die Durchführung eines rationellen Etatswesens, die Verbesserung der unter dem Administratorenregiment fast gänzlich verkommenen hallischen Salinen sind Früchte dieser Jahre.

Der allgemeinen Wirtschaftspolitik der Epoche darf die Anerkennung nicht versagt werden, dafs sie den Übergang von einer den agrarischen und einzelnen Handelsinteressen fast allein gerecht werdenden Richtung zu dem reinen Merkantilsystem, wie er unter dem Grofsen Kurfürsten angebahnt worden war, mit Einsicht und Mäfsigung zu vollziehen fortgefahren ist. Noch beherrschte das ökonomische Leben des vorwiegend Ackerbau treibenden deutschen Nordostens der erbitterte Kampf zwischen dem landbesitzenden Adel und dem sich langsam emporringenden Gewerbfleifs der Städte, die — niemals so hoch entwickelt wie die des Westens und Südens — durch den dreifsigjährigen Krieg in ihrer Entwicklung vollends zurückgeschleudert worden waren. Noch beruhte ein grofser Teil der wirtschaftlichen Kraft des Landes auf dem Export seiner Bodenproducte; aber diese Epoche näherte sich ihrem Ende: im Laufe und zu Ausgang des siebzehnten Jahrhunderts trat der Osten des Weltteils immer mehr in den Kreis der ökonomischen Interessen Mittel- und Westeuropas; die unermefslichen Naturerzeugnisse der Weichsellande mufsten bald den nordischen und westlichen Markt erobern. Das Schwergewicht des Getreidehandels insbesondere wich allmählich von Hamburg und selbst von Stettin nach Danzig zurück. Die Förderung industrieller Thätigkeit mit den Mitteln, die das Muster des grofsen französischen Staatswirts lehrte, mufste nun das Ziel einer weitblickenden Wirtschaftspolitik sein. Doch ist der Staat in dem Streit zwischen Stadt und Land, und schwerlich mit Unrecht, durchaus nicht sogleich auf die eine Seite getreten. Noch war man weit entfernt davon, der uralten Forderung des gewerbtreibenden Bürgertums nachzugeben, dem Adel die Ausfuhr von Getreide in der Regel zu beschränken und die von Wolle zu verbieten; noch begnügte man sich bei schlechten Ernten und Teuerungen mit der vorübergehenden Inhibierung des Kornexports, der „Schliefsung des Landes“ und dem für immer geltenden Verbot des Aufkaufs der ländlichen Erzeugnisse durch fremde Händler und der Ausfuhr der von Bauern produzierten Wolle. Bei der Regulierung der märkischen Zölle, bei den Erwägungen über die Umgestaltung der preufsischen[1]) und clevischen[2]) war man auf die Begünstigung des überall schwer

[1]) 1689 wurde eine Kommission zu „Parificierung der preufsischen mit den Danziger Zöllen“ eingesetzt. (Geh. Ratsprot. vom 19. März 1689).

[2]) Bei Zolldifferenzen mit den Niederlanden im Jahre 1690 — die

darniederliegenden Handels und den Schutz des eigenen immerhin noch sehr beträchtlichen landwirtschaftlichen Exports vor Repressalien anderer Staaten viel zu sehr bedacht, als daſs man sogleich zu einem unbedingten Sperrsystem strikt-merkantilistischer Observanz übergegangen wäre. Die Bemühungen um Beseitigung der Zoll- und Stapelschranken auf Elbe und Oder, welche die brandenburgischen, am Mittellauf beider Ströme gelegenen Besitzteile am härtesten trafen und ihren Handel nahezu ertötet hatten, wurden fortgesetzt, und auch am Rhein, wo man nicht um die Erhaltung eines kommerziellen Zentrums, wie Magdeburg oder Frankfurt, zu kämpfen hatte, wo man sich vielmehr einiger sehr einträglicher Durchgangszölle erfreute, hat man sich doch nicht gescheut, gegen Ausschreitungen der benachbarten Kleinfürsten in der Belastung des Stromhandels zu protestieren, Ausgleiche vorzuschlagen[1]). Um den Oderhandel für den Müllroser Kanal an sich zu ziehen, wurden bei der Neuordnung von 1694 die brandenburgischen Wasserzölle, ebenso wie die an den Landstraſsen, nicht allzusehr erhöht, ja selbst den Auswärtigen Vorteile vorbehalten. Dennoch hatten eben jetzt die Städte einen all diese Konzessionen an das platte Land und den Groſshandel aufwiegenden Vorteil erlangt: die Einführung der Akzise im letzten Jahrzehnt der Regierung des Groſsen Kurfürsten lieh ihrem Gewerbfleiſse eine Schutzwaffe, die für ihn bei dem bestehenden Verbote alles ländlichen Handwerks die an sich unzulänglichen Schranken der nur an den groſsen Straſsen liegenden Zollstätten ganz überflüssig machte.

Den neuen Besteuerungsmodus nach und nach auch an der Peripherie des Staates einzuführen, war die erste Aufgabe der Kommissariatsverwaltung, des anderen Zweiges der Finanzadministration, auf den seit der Niederwerfung des ständischen Regimentes die Erhebung der Steuern übergegangen war. Damit zugleich eine wirksame Beschützung und Beförderung des städtischen Gewerbes, insbesondere der märkischen Textilindustrie, durch Differentialtarife zu Ungunsten der auswärtigen Produkte verbunden zu haben ist das Verdienst der Generalkommissare dieser Zeiten, Grumbckows und Daniel Ludolf Danckelmans. Mit dem besten Erfolge wurde ferner die finanzielle und administrative Einbeziehung Magdeburgs in

---

Staaten Holland und Gelderland hatten die Licenten auf Waaren clevischer Provenienz erhöht — wollte man zur Heraufsetzung der eigenen Ausfuhr- und Transitsätze greifen, stand aber davon ab, in der Erwägung, daſs dann der clevische Durchgangshandel und Export von Getreide, Holz und Vieh durch Gegenmaſsregeln der Holländer leiden würde. (Geh. Ratsprot. vom 6. Dez. 1690).

[1]) Eine solche Maſsregel wurde 1689 gegen eine Erhöhung der Düsseldorfer Zölle in Erwägung gezogen. (Geh. Ratsprot. vom Nov. 1689).

das brandenburgische System von dem begabtesten der Brüder des leitenden Ministers vollzogen. Auch die materiellen Ergebnisse dieser Verwaltung wiesen, trotzdem man die Steuerkraft des Landes für den Krieg durch drei aufserordentliche Kontributionen in dem Zeitraum von nur vier Jahren in Anspruch nehmen mufste, ein langsames, aber stetiges Steigen der Jahresabschlüsse auf. Zugleich bezeugte eine allmähliche Erhöhung der Preise aller Lebensbedürfnisse, die gegen 1700 unzweifelhaft eintrat, eine allgemeine Besserung der wirtschaftlichen Lage des Landes.

Dennoch ist das Bild dieser Epoche auch hier kein ungetrübtes; so glänzende positive Leistungen es zeigt, es wird dadurch verdunkelt, dafs die erreichten Vorteile doch keineswegs in einer den Traditionen des Grofsen Kurfürsten entsprechenden Weise verwendet wurden. Die nur säumig gezahlten Subsidien der Verbündeten in dem Kriege der grofsen Allianz vorläufig durch die dazu im Überflufs hinreichenden Mehrerträge der Kammerverwaltung zu decken war man weit entfernt. In gewissem Mafse kamen sie freilich den Bestrebungen des Kurfürsten zur Förderung von Kunst und Wissenschaft zu gute, denen jetzt zum ersten Male in diesem Staate der Waffen und der harten realen Arbeit eine Stätte bereitet wurde: es waren die Zeiten, da der künftige Leiter der immer stärker anwachsenden naturrechtlichen Strömung und der Führer der neuen innerlicheren Richtung des deutschen Protestantismus, beide aus Kursachsen, der Hochburg der verhärteten lutherischen Orthodoxie, vertrieben, ein Asyl in dem — die verschiedensten Richtungen also gastlich aufnehmenden — Brandenburg fanden, da die Universität Halle als ein juristisches Trutz-Leipzig, als ein theologisches Trutz-Wittenberg errichtet wurde, da in der Residenz Schlüter und Nehring die gradlinigen Strafsen der neuen Vorstädte, die jetzt neben dem winkligen Gassengewirr von Alt-Köln und Alt-Berlin erstanden, mit ihren Bauten schmückten und da Samuel Pufendorf in der Stille des Archivs dem Grofsen Kurfürsten ein Denkmal aufrichten durfte, ebenbürtig dem herrlichen aus Erz auf der Langen Brücke. Wer vermöchte heute noch Canitz', Bessers oder Neukirchs süfslich-steife Schalheit zu ertragen, damals waren sie die gelesensten Dichter Deutschlands, die Ersten der jungen französisch-antikisierenden höfischen Schule, und Berlin hatte sie an sich gezogen. — Aber wie weit blieben die Aufwendungen für solche mäcenatischen Zwecke hinter den Summen zurück, welche die unaufhörlich steigenden Bedürfnisse des Hofes erforderten! Eine in diesem Fürstenhause seit den Tagen Joachims II. unerhörte Prachtentfaltung und Verschwendung verschlang die Erträge des Kammerguts, indefs man für jeden Feldzug neue Anleihen aufnehmen mufste.

Immerhin hat der Aufwand dieser Jahre nie den Umfang der folgenden Epoche erreicht, in der die fluchwürdige Mifswirtschaft der Wartenberg und Wittgenstein manche Frucht der Arbeit nicht allein dieser, sondern auch früherer Zeiten wieder vernichtete; denn es gab Einen, der ihm noch Schranken zu setzen vermochte. Es war wiederum Eberhard Danckelman. Dieser Einflufs sowohl wie ein nicht geringer Antheil an den positiven Leistungen der Verwaltung stellen seine Gestalt auch auf diesem Gebiete in den Vordergrund.

Erster Abschnitt.

Eberhard Danckelman.

Seit der Waldeckschen Reform war der Geheime Rat als die den Monarchen bei den meisten seiner Entschliefsungen beratende Versammlung einer Reihe der höchsten Beamten und Offiziere der Mittelpunkt der Staatsverwaltung. Indessen hatte sich schon unter Friedrich Wilhelm zwar innerhalb des Staatsrats und seiner beratenden Kompetenzen, aber doch als eine Art Mittelinstanz zwischen jenem und dem Kabinet die neue Würde eines Vorsitzenden, eines Leiters des Kollegiums erhoben. Zuerst Blumenthal als Direktor, dann nach mehrjähriger Pause Otto von Schwerin als Oberster Präsident des Geheimen Rates haben diese Stellung eingenommen. Ihre Funktionen beschränkten sich doch im wesentlichen auf die formale Leitung der Geschäfte; einen übermächtigen Einflufs hat auch Schwerin, der das Amt über 21 Jahre bis zu seinem Tode unerschüttert behauptete, nicht ausgeübt; wie hätte das auch unter diesem Fürsten anders sein können!

Eine ganz andere Bedeutung gewann die nominell zwar erst sieben Jahre nach dem Regierungswechsel, in der That aber sofort erneuerte Würde eines leitenden Beamten unter Friedrich III.

Herkunft und Elemente der Bildung.

Wenige Monate, nachdem der Grofse Kurfürst seinem Minister und Freunde Schwerin die Erziehung seiner beiden Söhne anvertraut hatte, ist der zwanzigjährige Licentiat der Rechte, Eberhard Danckelman, zum Informator des damals (10. Mai 1663) noch nicht sechs Jahre alten jüngeren Prinzen bestellt worden. Er war als der Sohn des Oberrichters und Gografen in der oranischen Grafschaft Lingen, Sylvester Danckelman, in einem Hause[1]) aufgewachsen, das edele Sitte mit bürgerlich gediegener Bildung verband. Es waren keine Leute von gestern, diese Danckelman; nicht allein Familienüberlieferungen, auch bestimmte Aufzeichnungen reichten bis in den Anfang des vergangenen Jahrhunderts zurück. Der Erste, von dem man wufste, Hans Danckelman, geboren in dem münsterischen Städtchen Telgt, war noch vor 1550 gestorben. Das war ein streitbarer Herr gewesen; unter Bourbon hatte er bei der Erstürmung Roms einem Fähnlein Knechte den Weg auf die Mauer gewiesen, und als es dem wüsten Treiben der Bockelsohn und Knipperdolling in Münster ein Ende zu machen galt, hat er als Obrister im Belagerungsheer kommandiert. Er mag in seinen rüstigen Jahren den Brustpanzer nicht allzuoft abgelegt haben: den „Kürisser" hatten sie ihn geheifsen; dann, als er auf einem seiner zahlreichen Feldzüge ein Auge verloren, erhielt er den Beinamen Danckelmanus monoculus. Zuletzt hatte er doch das Schwert aus der Hand gelegt und die letzten Jahre seines Lebens als Gogräve zu Rheine dem Bischof von Münster gedient. Sein

---

[1]) Ueber Danckelmans Herkunft und Bildungsgang bieten die Notizen bei Ersch und Gruber I. Bd. XXIII (1832) S. 26 ff., wo die älteren gedruckten Nachrichten zusammengefafst sind, ebenda Bd. XXIX (1837) S. 42 ff., und von Erdmannsdörffer in der Allgemeinen Deutschen Biographie Bd. IV (1876) S. 320 ff. nicht allzuviel. Schon die Frage, ob er adliger oder bürgerlicher Abstammung war, ist bei Nennung des Namens von Stenzel Geschichte des preufsischen Staates III. (1841) S. 2, Isaacsohn II. S. 250, Ledebur, Adelslexikon der preufsischen Monarchie I (1855), S. 158 f., Kneschke, Neues deutsches allgemeines Adelslexikon II. (1860) S. 414 ff. irrig in dem ersteren Sinne beantwortet worden (nicht so bei Droysen III. 3 (2. Aufl. 1872) S. 542 und neuerdings bei Stölzel, Brandenburg-Preufsens Rechtsverwaltung und Rechtsverfassung (1888) I. S. XXXIV). Einen besseren Anhalt gewähren die Angaben bei Oelven, Die von der Zeitlichkeit in die glorwürdigste Ewigkeit durch den Tod versetzte grofse Ehren-, Tugend- und Staats-Säule Daniel Ludolfus Liber Baro a Danckelman (1709), über das Haus und die Nachrichten in der Dissertation E. Danckelmans, „Dissertatio juridica de contractu Emphiteutico etc." Ultrajecti 1656, über die Vorbildung Danckelmans, vor allem aber die in Königs Collectio genealogica Bd. XX (Ms. Bor. der Königl. Bibl. zu Berlin) in besonderer Reichhaltigkeit für die Familie Danckelman gesammelten Papiere. Unter ihnen finden sich ein bis zu Johann Danckelman hinaufreichender Stammbaum in einer Kopie Königs, der darauf notiert hat: „Dieser Stammbaum ist mir 1779 vom Geh. Rat Baron v. Danckelman mitgeteilt. Das Original nach Schrift und Papier ächt und als Familiendokument anzusehen", ferner ein Fragment von Memoiren Nicolaus Bartholomäus Danckelmans (Courte Description de ce qui pendant ma vie m'est arrivé de remarquable et en quoy la providence divine s'est fait voir favoriser mes entreprises — in einem Exemplar, das mir nach Schrift und Papier in die Zeit um die Wende des 17. und 18. Jahrhunderts zu gehören scheint), das, von hohem kulturgeschichtlichem Interesse und auch nicht ohne Wert für die Geschichte der Thätigkeit des Verfassers als Gesandten in Wien, leider 1693 abbricht, endlich archivalische Excerpte Königs über Mitglieder der Familie.

Sohn Bernhard mag in dem Städtchen vollends heimisch geworden sein; denn der Enkel, der wieder Johann hiefs, ward dort schon in jungen Jahren Bürgermeister. Aber seines Bleibens war nicht lange da, die Familie war inzwischen protestantisch geworden und die Gegenreformation vertrieb ihn aus seiner Stelle. Er flüchtete sich und die Seinen auf Schlofs Devesborg, ein Besitztum seiner Schwiegermutter, und starb bald darauf — noch nicht dreifsig Jahre alt — eines frühzeitigen Todes. Von seinen zehn Kindern nun war eines, das siebente, Sylvester Danckelman; für ihn ist in dem Asyl, das die Waisen gefunden, aufs beste gesorgt worden; er erhielt die Ausbildung eines jungen Edelmanns; nachdem er seine grofse Reise durch Frankreich und Italien gemacht, fand er — der Aufenthalt unter dem Krummstab war der Familie nun gänzlich verleidet — ein Amt in der benachbarten Grafschaft Lingen: als deren Gograf und Richter hat er unter vier Prinzen von Oranien mit Ehren gewaltet. Als ein gereifter Mann hatte er Beate von Derenthal aus einem alten angesehenen westfälischen Hause heimgeführt, eine Frau, die ihm ganz und gar die Genossin seines Lebens, die Teilnehmerin an allen seinen Sorgen und Bestrebungen wurde; sie hat ihn selbst auf geschäftlichen Reisen begleitet. Dreizehn Kinder sind dieser glücklichen Ehe entsprossen; drei verstarben in früher Kindheit, drei Töchter und sieben stattliche Söhne erwuchsen den Eltern zum Stolz und zur Freude. Was Wunder, dafs der Vater in einem Jahre, in dem er viel amtliches Ungemach zu erdulden hatte, sich doch wieder glücklich fühlte, da er nach einer Zeit der Trennung wieder alle Kinder um sich versammelt sah! „Und wie er in allen Dingen eine grofse Art hatte, so gab er sich die erdenklichste Mühe, seinen Kindern eine gute und tüchtige Erziehung zu geben“ [1]): so schrieb einer seiner Söhne von ihm in seinen Lebenserinnerungen. Seinen Bemühungen arbeitete die hingebende Sorgfalt [2]) der Mutter vor; ihre weise Sparsamkeit hat es dann auch ermöglicht, dafs für alle Kinder die nicht unerheblichen Kosten einer Ausbildung vornehmen Stiles aufgebracht werden konnten, obwohl ihr Gatte auch das eigene Leben gemächlich zu gestalten bedacht war.

Für die Söhne wurde früh im Hause ein eigener Lehrer bestellt, und während der sie in die Elemente wissenschaftlicher Bildung einführte, wurden körperliche Übungen nicht

---

[1]) „Il faut dire comme mon père étoit grand homme en toutes manières, il fit tout son possible pour donner une bonne et solide éducation à ses enfants“. Courte Description.

[2]) „Le fut l'unique des enfants dans la maison qui eut nourrice, les autres ayant été allaités par ma mère; la raison en étoit que mon père ayant été obligé immédiatement après ma naissance à la Haye pour contrecarrer ses ennemis, ma mère l'y accompagna“. Ebenda.

vernachlässigt; es währte nicht lange, dann begleiteten die Söhne den Vater auf die Jagd. Schon mit zehn Jahren wurden sie auf das Gymnasium Illustre geschickt, das unfern in Steinfurt unter dem Schutz des Grafen von Bentheim bestand und seine Zöglinge zunächst mit den klassischen Studien, dann auch, nach Art einer Akademie, mit den Anfängen der Logik, der Jurisprudenz und der Naturwissenschaften vertraut machte. Dafs die Söhne allesamt dem Studium der Rechte sich zuzuwenden hätten, daran war in dem Hause des Gografen gar kein Zweifel: zu Ämtern und Ehren zu gelangen bot diese Laufbahn, die auch der Adel mehr und mehr einzuschlagen sich anschickte, mehr als je allein das Mittel. Mit einer öffentlichen Disputation über einen Titel der Digesten schlofs denn auch schon die Ausbildung zu Steinfurt. Es folgten die Jahre des Aufenthaltes auf der Universität, gewidmet nach adeliger Art ebensosehr der Erlangung weltmännischer Formen, wie der Vollendung der juristischen Studien. Jene ward den Söhnen durch die Lebensstellung des Vaters erleichtert; Nicolaus Bartholomäus hat in Heidelberg am Hofe Karl Ludwigs Zutritt erhalten, Eberhard Danckelman hat zu Utrecht in dem Hause eines der Hochmögenden freundliche Aufnahme gefunden. Die als notwendiges Schlufsstück der Erziehung eines jungen Mannes aus guter Familie angesehene grofse Reise durch Frankreich und Italien haben die vier Ältesten gemeinsam gemacht, Daniel Ludolph als Begleiter des Grafen zur Lippe-Schaumburg, die beiden jüngsten zusammen mit einem friesischen Edelmann; auch sie hätten auf eigene Kosten reisen können, hätten sie einen Aufschub abwarten wollen, den eine Erschöpfung der väterlichen Kassen — Bernhard von Galen, der streitlustige Bischof von Münster, hatte die protestantische Grafschaft eben gebrandschatzt — nötig machte. In welcher Sphäre der Gesellschaft ist in jener schlimmen Zeit in Deutschland der heranwachsenden Generation wohl eine harmonischere Bildung zu Teil geworden, als in dem Hause dieses bürgerlichen Juristen? Freilich besondere Glücksumstände begünstigten es in einer damals leider seltenen Weise. Nicht allzuviele Beamten und Bürger hätten ein Jahrzehnt nach dem furchtbaren Kriege so unbekümmert um materielle Rücksichten ihre Söhne erziehen können; nicht jeder von diesen Wenigen hätte so weitblickend auch die äufsere Bildung mit der geistigen vereinigt. Und wiederum in der Sorge um diese stand die benachbarte sociale Schicht, der niedere Adel, mochte er nun auf der heimischen Scholle sitzen, oder im Waffenrock und selbst im Hofkleide seinem Landesherrn dienen, in der grofsen Mehrzahl seiner Glieder noch weit hinter dem gebildeten Teile des Bürgertumes zurück. Der Boden für die Heranziehung eines künftigen Staatsmanns hätte nicht günstiger sein können.

Dafs diesen Kreisen — denn ganz vereinzelt stand das Haus Sylvester Danckelmans doch nicht da — eine so grofse Zahl von denen entstammt, die dem Grofsen Kurfürsten und noch Friedrich Wilhelm I. ihren Staat bauen halfen, ist kein Zufall.

Nicht einer von den Sieben hat dem Vater die Mühe nicht entgolten. Von den vier ältesten hatte nur einer erst in seinem siebzehnten Lebensjahre die Doktorwürde erlangt, die anderen alle früher. Nachdem sie von ihrer grofsen Reise zurückgekehrt waren, vergingen nicht sechs Monate und sie waren allesamt in angemessenen Ämtern. Gewifs fehlte es ihnen nicht an äufseren Stützen: ein Bruder ihrer Mutter safs in Minden als kurfürstlicher Kanzler, ein anderer älterer Verwandter drüben in Osnabrück als Kanzleidirektor und Präsident aller Kollegien des Fürsten-Bischofs und Geheimrat des braunschweigischen Gesamthauses; bald indes konnte doch mancher von ihnen die eigene Tüchtigkeit bewähren. Johann, der älteste, wurde bei einem der kleinen Nachbarfürsten, dem Grafen von Bückeburg, Drost; Thomas Ernst trat in oranische Dienste und wuchs in die Stelle des Vaters in Lingen hinein. Sylvester Jakob ward Professor der Rechte in Steinfurt, und später, nachdem er Berufungen nach Ober-Yssel und Frankfurt a. d. O. ausgeschlagen, erhielt er den Pandekten-Lehrstuhl in Heidelberg; von den jüngeren hat Nikolaus Bartholomäus früh ein höheres Amt in Friesland bekleidet; Wilhelm Heinrich trat unter der Aegide des Oheims in die Mindener Regierung. Alle gelangten zu ehrenvollen Stellungen, alle waren begabt — einer aber überstrahlte sie alle an Fähigkeit, und dem war auch das Glück am holdesten — er war in seiner Jugend das Wunderkind, in seinem Mannesalter die Stütze und der Hort der Familie.

Eberhard Christoffer Balthasar Danckelman wurde am 13. November 1643 geboren, nicht allzuviel jünger als Sylvester Jakob, den wiederum von den beiden ältesten, Johann und Thomas Ernst, kein grofser Altersunterschied trennte — das ward bestimmend für seine Kindheit. Denn da im Gegensatz dazu der nächste, Daniel Ludolph, fünf Jahre jünger als Eberhard war, kam es, dafs er durchaus mit seinen älteren Brüdern erzogen wurde, ein Umstand, der die Frühreife seines Geistes noch befördert hat. So mag er, um mit ihnen vereint zu bleiben, auch früher, als es sonst geschehen wäre, die Universität bezogen haben — genug, er wurde im Alter von zwölf Jahren [1]) auf Grund einer Dissertation und einer öffentlichen Disputation über 34 Thesen de contractu emphyteutico zum Lizentiaten der Rechte promoviert, zu gerechtem Erstaunen der alten und jungen

[1]) 11. Juli 1656.

akademischen Bürger von Utrecht[1]). Schon die älteren Brüder hatten miteinander gewetteifert, um akademische Grade möglichst früh zu erlangen: dem ersten war es im 17., dem mittleren im 16., dem jüngsten schon im 14. Jahre gelungen; nun beseelte den Knaben ein brennender Ehrgeiz, sie alle noch zu übertreffen. Als er elf Jahre alt war, hatte er die üblichen rhetorischen und logischen Vorstudien schon absolviert und sich nun ein Jahr lang der Rechtswissenschaft gewidmet; da ergriff ihn, wie er in der Widmung sagt[2]), heftige Begierde, nun doch auch etwas zu veröffentlichen, auch zu wissenschaftlichem Streit mit den Kommilitonen das Katheder zu besteigen. Dafs er es wohlvorbereitet und nicht ohne Erfolg gethan, ist ihm von seinen Lehrern bezeugt worden. Und so wunderbar das auch klingt, mit dem Intellekt scheint der Charakter Schritt gehalten zu haben: so ausgeprägt finden sich schon die Eigenschaften des Mannes in den begleitenden Zeilen, mit denen der Knabe seine Dissertation seinem Gönner, Heinrich Wilfsen, überreichte. Unter seinen Verpflichtungen gegen den verehrten Lehrer führt er vor allem die an, dafs durch seine Rechtskenntnis ein alter Rechtsstreit Sylvester Danckelmans zu dessen Zufriedenheit beigelegt worden sei. Und neben dies männische Selbstbewufstsein, das lieber einen solchen neutralen Grund als etwa die immerhin demütigende Dankbarkeit des Schülers in den Vordergrund stellt, tritt auch schon der Zug trotziger Rechtlichkeit, der den künftigen Staatsmann am meisten charakterisiert hat: er kann sich gar nicht genug darin thun, den

---

[1]) Der Buchhändler, bei dem das 3 Bogen in 4° starke Opusculum erschien, hat nicht versäumt in einer besonderen Note seiner eigenen Bewunderung Ausdruck und von dem allgemeinen Aufsehen, das der zwölfjährige Doktor erregte, Kenntnis zu geben. Obwohl die übliche Zahl der Exemplare gedruckt war, mufste doch sogleich eine zweite Auflage veranstaltet werden. Drei Glückwunschgedichte von Freunden, ausdrückliche Zeugnisse von Rektor und Professoren über sprachliche und wissenschaftliche Eleganz der Disputation begleiten sie. („Etenim nec vesticeps nec ephebus omnia argumenta sillogistice sibi obiici petiit, quod etiam haud obscurum prudentiae argumentum esse absolet, et objecta distincta responsione logica et juridica diluit ac dissolvit, ad singularem admirationem studiorum usque. Obnixe itaque rogo cunctos mecoenates et fautores bonarum artium, uti hoc naturae miraculum, ad magna natum, suo favore et paterna benevolentia complecti et ad supremos rei publicae honores evehere dignentur"). Bartholomäus van der Mast, ein bejahrter und gelehrter Senator der Stadt Delft, der zwölf Meilen weit zu dem Schauspiel herzugekommen war, hat sich ihnen angeschlossen.

[2]) „Cum fratrum meorum natu maiorum maximus aetatis suo anno decimo septimo, medius decimo sexto, minimus decimo quarto Groningae Theses juridicas publicae disquisitioni subiecerunt, vestigiis eorundem insistere volui, quare cum iam annum edoctus antea Rhetoricae Logicaeque praecepta in studio iuris versatus fuissem, cupido vehemens incessit animum publice aliquid in lucem emittendi et infligendi in cathedra meis cum commilitonibus."

Verdacht abzuwehren, als sehe er in Wilfsen vornehmlich den einflufsreichen Mann, das Mitglied der Generalstaaten, als wolle er durch seine Dedication äufsere Vorteile erreichen[1]).

Von grofser Bedeutung ist für Eberhard Danckelman doch auch geworden, dafs mannigfache persönliche Beziehungen — vor allem in Franeker in Friesland safs ein Verwandter, mit dem die Familie in lebhaftem Verkehr blieb — es so fügten, dafs seine wissenschaftliche Bildung eine durchaus holländische wurde. Nicht zu seinem Schaden; denn wie weit waren die Niederlande im Zeitalter von Jan de Witt und Wilhelm II., von Hugo Grotius und Rembrandt, auf allen Gebieten öffentlichen und geistigen Lebens unserem armen Vaterlande überlegen! Und seit der gröfste deutsche Staatsmann des Jahrhunderts bei den Holländern in die Schule gegangen war, seit Friedrich Wilhelm seine politischen und volkswirtschaftlichen Lehrjahre bei ihnen durchlebt hatte, hatte sich der Faktor ihrer nationalen Existenz, auf dem nicht allein das ökonomische Übergewicht, sondern auch der unverhältnismäfsig gesteigerte politische Einflufs des kleinen Volkes am letzten Ende beruhte — seine wunderbare wirtschaftliche Blüte, eher noch potenziert und gesteigert. Kein Wunder, wenn in Danckelman in jenen Jahren eine Vorliebe für die so weit vorangeeilten Stammesgenossen entstanden ist, die auf seine spätere staatsmännische Thätigkeit im Innern, wie nach aufsen[2]) nicht ohne Einwirkung blieb.

Damals haben dem Jüngling fortgesetzte Studien und Reisen[3]) noch fast sieben Jahre ausgefüllt, ehe der Zufall ihn in die Dienste des Herrscherhauses führte, dem die Arbeit seines Lebens gewidmet sein sollte. Der Zufall — denn die Zeiten waren noch fern, da der Glorienschein des Aars der Hohenzollern einen Ehrgeizigen gelockt hätte, lieber dem brandenburgisch-preufsischen Staate als dem Hause Braunschweig oder Lippe zu dienen. Sylvester Danckelman war von seinen oranischen Herren schon öfters in diplomatischen Geschäften, zu aufserordentlichen Missionen verwandt worden; er hatte im Jahre 1640 ein „Projekt zum Generalfrieden“ ausgearbeitet, das Graf Alexander Vehlen auf dem Reichstage zu Regensburg dem Kaiser übergab; an den Osnabrücker Friedensverhandlungen hatte er als Vertreter der Staaten von Holland teilgenommen. Als ihn dann 1662 die Feindseligkeit der Prinzessin Amalie, deren Groll er sich durch allzu engen

---

[1]) . . . Dedicari igitur has theses vobis nullius certi lucri captandi causa; inhonestum enim id mihi ducerem et a Venerando Parente meo severe prohibitum, sed ut pateret Vobis animus meus . . . .

[2]) S. o. S. 5.

[3]) S. o. S. 17.

Anschlufs an ihre Schwiegertochter, die verwitwete Prinzessin-Mutter, zugezogen hatte, nötigte, auf eine kurze Zeit den oranischen Dienst zu verlassen, fand er in Berlin die gewünschte Beschäftigung. Er machte dort die Bekanntschaft Otto von Schwerins und wurde bald als kurfürstlicher Gesandter, wenn auch ohne den Charakter eines solchen, angestellt. Man sandte ihn zu seiner nicht geringen Genugthuung gerade nach dem Haag. Dem Vater aber folgte sehr bald der Sohn an den brandenburgischen Hof. Das persönliche Verhältnis, in das Sylvester Danckelman zu Schwerin getreten war, fügte es wohl vor allem[1]), dafs der Freund und Vertraute des Herrscherpaares, als ihm offiziell die Erziehung der beiden Prinzen Karl Emil und Friedrich übertragen ward, Eberhard Danckelman zum Informator des jüngeren vorschlug, trotz seiner Jugend und seiner juristischen — und nicht etwa theologischen — Vorbildung.

Die hervorstechenden Eigenschaften, die sich an dem Knaben gezeigt, waren in dem Zwanzigjährigen nun vollends entwickelt. Zu dem verschlossenen ernsten[2]) Wesen des Friesen fügte sich in ihm die schroffe, oft jäh aufbrausende Art eines starken, selbstbewufsten Charakters, einer unter scheinbar phlegmatisch-ruhiger Oberfläche heftig empfindenden, leidenschaftlichen Natur. Und auch in einem fünfunddreifsig Jahre währenden Hofdienst hat er davon wenig verleugnet. Dafs es dabei für den „Herren Danckelman" an persönlichen Konflikten nicht fehlte, ist unschwer zu begreifen. Er war noch nicht volle anderthalb Jahre in seinem neuen Amt, da mufste der Kurfürst zwei ältere Herren des Hofes mit der Untersuchung der „Schlägerei-Händel" zwischen dem jungen Grafen Dohna und Eberhard Danckelman beauftragen[3]). Doch mag sich durch solche Vorfälle die Stellung des bürgerlichen Instruktors nicht verschlechtert haben. Und wunderbar, auch den weichen, vor allem der schönen Form zugewandten Sinn seines Zöglings hat der harte Mann, dessen Strenge gegen den Knaben der zärtlichen Mutter schon früh Sorgen bereitete[4]),

---

[1]) In Schwerins Tagebuch — s. Orlich, Geschichte des preufsischen Staates im siebzehnten Jahrhundert (1838) I. S. 565 — findet sich leider nur die einfache Angabe des Faktums.

[2]) Man erinnere sich der so oft citierten Mitteilung von Pöllnitz — Mémoires pour servir à l'histoire des quatre derniers souverains de la Maison de Brandenburg I. (1791) II. S. 149 — j'ai oui dire à des personnes qui avoient eu part à sa familiarité, que jamais elles ne l'avoient vu rire.

[3]) Weis. vom 15. Nov. 1664 an den Herrn von Canstein und den General Goltz.

[4]) „Il faut aussi que je Vous dise Monsieur, qu'il y a des personnes qui m'ont dit que Mr. Danckelman rudoyoit fort Fritzchen pendant ses études, des personnes qui l'ont entendu eux-mêmes .... Je crois que son

ganz gefangen genommen[1]). Beweise hingebender Anhänglichkeit, wie der Aderlafs, den Danckelman einmal bei einer lebensgefährlichen Erkrankung des Prinzen gegen den Willen der Ärzte auf eigene Verantwortung und mit dem glücklichsten Erfolge vornahm, mögen Friedrich den unter rauher Hülle verborgenen Schatz von Treue, der stete Umgang mit ihm die geistige Bedeutung seines Lehrers haben würdigen lassen. Auch nachdem der Tod Karl Emils den Prinzen zum Thronfolger hatte werden lassen, und auch nachdem Friedrich grofsjährig geworden war, blieb ihm Danckelman als Begleiter und als Vorstand seiner Hofhaltung zur Seite. Eine Stellung, freilich von grofsen Aussichten auf die Zukunft, aber an sich nicht allzu bedeutend, nicht frei von den kleinlichen Widerwärtigkeiten höfischen Intriguenwesens[2]) und hineingezogen in die Unannehmlichkeiten der steten, schliefslich bis zu öffentlichem Eklat führenden Reibungen zwischen dem Kurprinzen und seiner Stiefmutter.

Zwar fehlte es Danckelman auch schon damals nicht an Anerkennung. Schwerin hatte ihm von jeher sein Vertrauen geschenkt und bewahrte ihm bis an sein Lebensende immer das gleiche Wohlwollen. Danckelman ist von den sechzehn Jahren, die er unter ihm stand, dreizehn hindurch täglich mit ihm in Berührung gekommen; er ist, als sein Gönner auf dem Totenbette lag, von ihm gesegnet worden[3]). Auch der Kurfürst hat ihn mehrfach ausgezeichnet. Danckelman legte in ziemlich kurzen Zwischenräumen die Rangstufen des höheren Beamtentums bis zum Geheimen Regierungsrat zurück[4]); ehren-

---

intention est bonne, qu'il voudrait qu'il sût beaucoup, mais il fait assez pour son âge et sa douceur et la meilleure méthode pour gagner les enfants" schreibt die Kurfürstin, unter gleichzeitiger Bezeugung ihrer Misbilligung dieses Verfahrens, an Schwerin (25. Dez. 1666 bei Orlich III. S. 473 f.), noch besorgter Prinzefs Amalie am 29. März 1669 (ebenda S. 529 f.).

[1]) Inwieweit die Behauptung Přibrams (1688—1700 S. 36), Danckelman habe in dem Prinzen „jedes andere Streben mehr zu nähren gesucht, als das selbständigen Denkens und Handelns", sich auf thatsächliche Belege gründet, sehe ich nicht ab; bis diese beigebracht werden, möchte ich sie, die den schwersten Vorwurf gegen Danckelmans erzieherische Thätigkeit involviert, nicht acceptieren.

[2]) Wie wenig es daran mangelte, läfst die Klageschrift eines Herrn von Beville erkennen, eines einst durch Entlassung verabschiedeten kurprinzlichen Kavaliers, der sich nach Danckelmans Sturz — welches Geschmeifs sammelt sich nicht nach dem Falle des Löwen — als ein von ihm an Ehre und Vermögen Geschädigter meldet.

[3]) Danckelmans Vorbericht vom 10. Juli 1698 ad 3.

[4]) Er wurde 1665 zum Rat, 1669 zum Halberstädtischen Regierungsrat, 1676 zum Clevisch-Märkischen Geheime Regierungsrat ernannt. (Nach dem Peitzer Protokoll vom 7. Jan. 1702 ad 1. Vgl. auch Cosmar und Klaproth S. 375). Er ist darauf noch vor 1688 Kammerrat geworden — wann, habe ich nicht gefunden — nicht aber Lehenrat, wie Klaproth (ebenda S. 376) angiebt.

voller war für ihn vielleicht noch, dafs Friedrich Wilhelm alle seine Brüder nach einander in seine Dienste nahm. Wenn der alte Sylvester Danckelman, der selbst noch zum kurfürstlichen Rate ernannt worden war [1]), es noch erlebte, dafs vier seiner Söhne in brandenburgischen Ämtern standen, so war das nicht zuletzt auf das Ansehen zurückzuführen, das sich des zuerst Angestellten Tüchtigkeit erworben hatte. Späterhin aber war ihm der Kurfürst nicht allzugewogen, da sich Danckelman in den Streitigkeiten mit der Kurfürstin Dorothea durchaus an seinen Herrn anschlofs [2]). Danckelman hielt trotzdem getreulich aus, auf jede Weise, durch selbstlose Fürbitte beim Kurfürsten, und mit seinem eigenen Vermögen [3]) trat er für den schon damals fortwährend in finanziellen Bedrängnifsen steckenden Hofhalt Friedrichs ein; um ihn, um den Kurfürsten, ja um die Sicherung eines ungestörten Erbgangs in der Dynastie hat er sich durch Beilegung des Zwistes [4]), der in dem letzten Lebensjahre Friedrich Wilhelms zwischen Vater und Sohn entstanden war, das gröfste Verdienst erworben. Gerade seine persönliche Vermittelung ist es gewesen, die beide wieder zusammenführte.

Persönlicher Anteil an der Verwaltung.

Dafür zeigte sich nun das unbegrenzte Vertrauen, das Friedrich in ihn setzte, sogleich nach dem Thronwechsel in einer ganzen Reihe von Gunstbezeugungen und Beförderungen, von denen einzelne schon eine Veränderung der bestehenden Verwaltungspraxis involvierten. Nach einander erfolgten die Ernennung zum Lehenrat [5]), zum Wirklichen Geheimen Estats- und Kriegsrat [6]) und mannigfache materielle Zuwendungen [7]), darunter ein schriftliches Versprechen,. dafs Danckelman nach

---

[1]) Im Jahre 1664. Er starb 1679.

[2]) „Wegen seines treuen Attachements für den Kurprinzen" Vorber. ad 4.

[3]) Eine erhaltene Liquidation giebt allein für die Jahre 1686—87 eine Summe von über 36000 Thlrn. an, „. . weil Uns genugsamb wissend und bekannt, wie viel mehrgedachter Unser etc. D. von dem Seinigen in unseren Diensten zugebüfset" heifst es in der Bestallung zum Lehenrat vom 20. Mai 1688.

[4]) S. darüber Ranke XXV./XXVI. S. 394 ff.

[5]) Bestallung vom 20. Mai 1688.

[6]) Bestallung vom gleichen Tage.

[7]) Erteilung von Expectanzen auf zu verleihende Anteile an Hallischen Pfannenwerken vom 22. Mai 1688, 30. April und 12. Dez. 1690, Schenkungen vom 30. April 1692 — 5000 Thlr. wegen des jussu Serenissimi auf dem Werder erbauten Hauses, vom 11. Okt. 1695 — 1000 Thlr.; mit der Geheimratsstelle war ein Gehalt von 1200 Thlrn. und die Lieferung

und nach kaducierte Lehngüter bis zu einem Werthe von 100,000 Thalern übertragen werden sollten. In der Geheimratsbestallung hiefs es: obwohl der Neuernannte die Erhebung in den Adelstand abgelehnt habe[1]), solle er „in Allem wie ein Adelicher tractiret“ werden[2]).

Am wichtigsten war, dafs dem nunmehrigen Mitgliede des Geheimen Rates — also dem jüngsten — die Kontrasignatur aller Verordnungen[3]) und durch eine besondere Anordnung auch die aller Assignationen des Kurfürsten[4]) verliehen wurde. Mit Zurücksetzung der älteren, also aller anderen Geheimen Räte war ihm damit eine dominierende Stellung auch im Kollegium gegeben, und wenn ihm dann durch den zuerst thatsächlich erfolgten Übergang der „Distribution der Sachen“ an ihn[5]) sehr bald auch die wesentlichste Funktion, die Schwerin als Oberpräsident gehabt[6]), zuwuchs, so war die Summe der ihm übertragenen formalen Kompetenzen schon jetzt weit gröfser, als jener sie je besessen. Und sehr erklärlich erscheint es doch auch, dafs bei einer Ordnung der Dinge, die ganz und gar auf das unausgesetzte Eingreifen und Entscheiden einer allein mafsgebenden Persönlichkeit, bisher des Herrschers selbst, gebaut war, unter einem Fürsten, wie Friedrich III., Alles auf das Entstehen einer

---

von Futter für 6 Pferde verbunden; am 28. Jan. 1689 erfolgte eine Zulage von 2000 Thlrn., die am 23. Nov. 1695 auf 5000 Thlr. erhöht wurde.

1) Das war auch ganz im Sinne seiner Familie. Nikolaus Bartholomäus schreibt in seinen Erinnerungen „Il suffit que le siècle précédant et celui où nous sommes en a vu des personnes de bien et d'honneur ce qui doit animer la posterité à suivre leur exemple“. (Courte Descr.). Die Nachkommen im achtzehnten Jahrhundert dachten anders: sie haben sich, wie aus Manuskripten der König'schen Sammlung hervorgeht, die erdenklichste Mühe gegeben, den Beweis für eine altadlige Herkunft der Familie zu erbringen.

2) „Ob auch gleich — heifst es am Schlufs — unser Wirklicher Geheimer Estats- und Kriegs-Rath nicht belieben haben möchte den Adelbrief anzunehmen, so wollen wir doch aus sonderbaren Gnaden, dafs solches seinem Rang nicht präjudicieren, sondern Er selbigen gleich einem adelichen Wirklichen Geheimen Rath haben, ihm auch das Prädicat Vetter aus unsern Kanzleien gegeben und Er sonsten in Allem wie ein Adelicher tractieret werden solle“.

3) Der darauf bezügliche Abschnitt der Bestallung lautet: „Absonderlich aber haben wir ihm gnädigst aufgetragen, Alles, was von uns zu unterzeichnen ist, zu Verhütung aller Irrungen, so dabei vorgehen könnten, und fürnehmlich, dafs Uns nichts so eines dem anderen zuwider oder Unserer Intention und Willen nicht gemäfs ist, zur Unterschrift präsentiret werde, zu kontrasignieren.“

4) Rescr. vom 14. Juli 1688 und 26. März 1689.

5) Danckelman selbst hat in den Responsiones additionales zu Art. 25 des Peitzer Protokolls ausgesagt, er habe schon vor 1695 die Distribution der Sachen gehabt.

6) S. die Bestallungsurkunde vom 30. Aug. 1658 bei Isaacsohn II. S. 362 ff.

leitenden höchsten Beamtengewalt hindrängte. Dafs Danckelman faktisch sogleich in diese Stellung gerückt wurde, war doch nicht ausschliefslich durch das persönliche Vertrauen des Kurfürsten in seine geistige und moralische Befähigung herbeigeführt. Nicht allein, dafs er der Verwaltungspraxis durchaus nicht fremd gegenüberstand; er hatte neben seinem Hofamt immer unter Schwerin im Staatsdienst gearbeitet und der Oberpräsident hatte ihn als den einen von zweien bezeichnet, die ihn nach seinem Tode zu ersetzen geeignet seien[1]). Es fehlte ferner auch durchaus an einem Rivalen; denn gerade gegen die drei bewährtesten und einflufsreichsten Räte Friedrich Wilhelms, Fuchs, Meinders und Grumbkow, hegte der Kurfürst bei seinem Regierungsantritt das tiefste Mifstrauen, eben des Anteils wegen, den sie, wie er meinte, an den Streitigkeiten zwischen ihm und seinem Vater genommen hatten[2]). Er hatte die Absicht, sie zu entlassen, und nur Danckelmans Fürsprache hatten sie die Erhaltung in ihren Ämtern zu verdanken[3]).

Bei der Vorliebe des Kurfürsten für Danckelman, die sich in Gunstbezeugungen gar nicht genugthun konnte, und bei seiner Neigung, der Bedeutung von Personen und Dingen durch glänzende Äufserlichkeiten einen sinnlich wahrnehmbaren Ausdruck, eine prächtige Aufsenseite zu geben, wäre denn auch ohne Zweifel jenen dienstlichen Verleihungen die nominelle Erhebung zum ersten Minister auf dem Fufse gefolgt, hätte Danckelman nicht selbst nach Kräften die Beförderung abzuwenden gesucht. Sie ward dadurch indes nur hinausgeschoben, nicht ganz verhütet, wie es in seiner Absicht lag: nachdem 1693 ein Patent seiner Ernennung zum Grofskanzler schon ausgefertigt gewesen, Vollziehung und Publizierung durch Danckelman aber verhindert worden war, erfolgte endlich doch zwei Jahre darauf[4]) die Erhebung zum Oberpräsidenten; gegen die Einwendungen des Begünstigten, die die Ausführung vielleicht auch dies Mal wieder vereitelt hätten, hatte der gütige Fürst sich dadurch gesichert, dafs er ihn damit wie mit einem Tafelscherz an seinem eigenen Tische überraschte.

Nicht allzugrofs war die Veränderung, welche die Ernennung[5]) zum „Ersten Minister“ — denn auch diese Bezeich-

---

[1]) Vorbericht ad 3.

[2]) Vergl. Ranke XXV./XXVI. S. 398.

[3]) Vorbericht ad 3.

[4]) Nach Droysens (IV. 1 S. 289 Anm. 176) Angabe am 1. Juli 1695, also nicht, wie im Text gesagt ist (ebenda S. 101), an Danckelmans Geburtstage.

[5]) Die für die Bestimmung von Danckelmans Befugnissen entscheidende Urkunde ist nie ausgefertigt worden; der Entwurf nämlich, den man für die Bestallung aufgesetzt hat und der mir leider nicht vorgelegen hat, mufste auf Danckelmans Wunsch abgeändert werden — es handelte

nung ward dem Beförderten beigelegt — in der amtlichen Stellung Danckelmans hervorbrachte. Wenn die Regierungen sowohl wie die Gesandten an den auswärtigen Höfen angewiesen[1]) wurden, fortan mit dem Oberpräsidenten zu korrespondieren, so hiefs das nicht mehr, als dafs die Berichte direkt an ihn gesandt wurden, während sie zuvor unter der Adresse des Kurfürsten beim Geheimen Rate d. h. ebenfalls bei ihm als dem „distribuierenden" Mitgliede einliefen. Nach wie vor kamen sie zuerst in seine Hand, und nach wie vor wurden sie von ihm, soweit sie der Kurfürst nicht einer besonderen

---

sich um die Finanzen (s. u. S. 61) —, ging deshalb in die Kanzlei zurück und ist dort, auf Anordnung des Oberpräsidenten selbst, liegen geblieben und schliefslich in Vergessenheit geraten. (So nach einer undatierten Denkschrift Danckelmans aus der Zeit des Prozesses.) Ob Droysen wirklich, wie er sagt (ebenda S. 289 Anm. 176), dies Konzept gesehen hat, das jetzt nicht mehr aufzufinden ist, scheint nicht ganz unzweifelhaft, da der von ihm daraus abgedruckte Passus wörtlich übereinstimmt mit einem Abschnitt des nachstehend zum Teil wiedergegebenen Zirkularreskripts an die kurfürstlichen Gesandten vom 27. Juli 1695, aber durchaus nicht mit den Sätzen, die Duhram seinem Bericht vom 16. Mai 1702 (abgedruckt bei Förster, Friedrich Wilhelm I. Urk. I. S. 12) aus dem von ihm sicherlich eingesehenen Stück eingefügt hat und die dem Sinne nach der Droysenschen Stelle entsprechen. Vielleicht liegt also ein Irrtum Droysens vor und das Konzept ist längst verloren gegangen.

[1]) Zirkularreskr. an die Regierungen vom 23. Juli und an die Gesandten vom 27. Juli 1695. Da man für die Kenntnis der Grenzen von Danckelmans Kompetenzen auf sie angewiesen ist, lasse ich die in Betracht kommenden Sätze hier folgen. „Und gleichwie Er nun, so heifst es in jenem, kraft solcher seiner Bedienung (der „Charge Unseres Oberpräsidenten") die Oberdirektion in allen und jeden Collegiis nicht allein der Kurmark, sondern auch in unseren sämbtlichen übrigen Provincien und Landen in und aufser Reiches zu respizieren hat, so haben wir Euch davon hiedurch Nachricht geben wollen mit Befehl solches alldort an gehörigem Ort bekannt zu machen, ermeldeten den von Danckelman vor Unseren Ober-Präsidenten und das Haupt aller Unserer dortigen Collegiorum zu erkennen und zu respektieren, wenn er sich dort im Lande befindet und wegen seiner anderen Geschäfte sich dazu abmüssigen kann, in ermeldeten Collegiis die Oberdirektion Ihm gebührend einräumen, allem demjenigen, was Er in solcher Qualität thun und anordnen wird, gebührend nachzukommen, auch wenn etwas, so zu solcher seiner Funktion gehöret, vorfällt, daraus mit Ihm zu correspondieren."

Die entsprechende Stelle des Erlasses an die Gesandten lautet: „Denn wie solche Charge vornehmblich den Zweck hat, dafs in allen Unseren Affairen und deren Respizierung gute Ordnung gehalten und Unsere sämbtliche Diener ein Jeder an seinem Ort und seiner Schuldigkeit in geziemender Subordination desto besser angewiesen werden .... (nun folgt u. a. die bei Droysen l. c. wiedergegebene Stelle) ... und befehlen, solche Unsere Wahl, die wir versichert sein, dafs sie bei Männiglich Approbation finden werde, alldort bei Gelegenheit bekannt zu machen, im Übrigen auch gedachten den von Danckelman vor Unseren Ersten Staatsministrum und Oberpräsidenten zu erkennen und zu respectieren, Ihm in allem was Er in solcher Qualität von Unseretwegen an Euch bringen wird nachzukommen, auch wenn bei Eurer dortigen Funktion Dinge vorfallen, welche Ihr durch Absendung an Uns gelangen zu lassen nötig erachtet, daraus mit ihm zu correspondieren."

Behandlung in engerem Kreise[1]) vorbehielt, zur Vorbearbeitung durch die einzelnen Referenten und späteren kollegialischen Behandlung an den Geheimen Rat weiter befördert. Und wenn ihm des weiteren der Vorsitz in allen Kollegien „nicht allein der Churmark, sondern auch in unseren sämbtlichen übrigen Provincien und Landen“ übertragen wurde, so war das doch kaum mehr als der unbeholfene Ausdruck einer noch ganz primitiven Verwaltungstechnik, um den Rang des höchsten Beamten zu bezeichnen. Diesen sinnlich greifbar vor Augen zu stellen, gab es kein besseres Mittel, als sämtliche Regierungen anzuweisen, dem Oberpräsidenten, falls er auf Reisen ihren Sitz berühre, das Präsidium einzuräumen. An eine faktische[2]) Uebertragung der Präsidialgeschäfte aller Behörden an Danckelman war natürlich weder für die Kollegien in den Provinzen, noch selbst für die in Berlin[3]) gedacht. In Wahrheit wuchsen Danckelmans Funktionen jetzt ebensowenig, wie vor 1695 oder, wie die Schwerins einst, über die Grenzen des Geheimen Rates hinaus. Und dieser war und blieb eine durchaus konsultative Behörde; seine Beschlüsse waren dem Kurfüsten erteilte Ratschläge, die allein durch seine entweder persönlich in der Sitzung oder später besonders erteilte Zustimmung oder besser durch seine freie — eventuell auch abschlägliche — Entscheidung sanktioniert werden konnten. In diesen selben Schranken nun bewegten sich Danckelmans Befugnisse vor und nach seiner Ernennung zum Oberpräsidenten; über sein Votum im Kollegium hinaus gab es für ihn keine weiteren Kompetenzen, aber auch keine weitere Verantwortlichkeit. Sehr mit Recht hat er später darauf hingewiesen, dafs er einen vom Kurfürsten acceptierten Beschlufs des Geheimen Rates habe gegenzeichnen müssen[4]), auch wenn er anderer Ansicht als die Majorität gewesen sei. Von einer durch die Kontrasignatur ihm erwachsenden persönlichen Verantwortlichkeit ist nie die Rede gewesen.

Aber wie sehr würde man überhaupt irren, wollte man in diesen an sich vielfach nur formalen, so mannigfach beschränkten und bedingten Funktionen das einzige Mittel sehen, durch das sich Danckelmans Einflufs Geltung verschaffte! Gewifs benutzte er zunächst und vor allem seine Stellung im

---

[1]) S. u. S. 28.

[2]) Im Übrigen fand neben der nominellen auch eine symbolische, wenigstens für die Berliner Behörden statt. In der feierlichen Sitzung des Geheimen Rates, in der in Gegenwart von Deputierten aller Dikasterien der Residenz der Kurfürst Danckelman als Oberpräsidenten vorstellte, übergab er ihm ein Kästchen mit den Siegeln „aller Collegien“ (Geh. Rats-Prot. vom 23. Juli 1695).

[3]) Vgl. z. B. bezüglich des Kammergerichts Stölzel, Brandenburg-Preufsens Rechtsverwaltung und Rechtsverfassung (1888) I. S. 402 f.

[4]) Peitzer Protokoll zu Art. 199.

Geheimen Rate, um seine Pläne und Ansichten durchzusetzen: sehr oft — und nicht bei den geringfügigsten Angelegenheiten — genügte sie dazu nicht; seine Zwecke dennoch zu erreichen, bot sich ihm ein zwiefacher Ausweg.

Danckelmans einzigartige Vertrauensstellung zu seinem Herrn konnte ihm nahelegen, durch persönliche Besprechung mit dem Herrscher möglichst viel zu erledigen. Er hat sich in dieser Beziehung dennoch die gröfste Mäfsigung auferlegt, auch auf dem Gebiete, das ihm am meisten am Herzen lag, in der auswärtigen Politik. Nur in den seltensten Fällen ist er von dem Kurfürsten allein in's Vertrauen gezogen worden. Im übrigen blieb es bei dem schon unter Friedrich Wilhelm herrschend gewesenen Brauche, die zur Mitteilung an ein so zahlreiches Kollegium, wie es der Geheime Rat war, nicht geeigneten Sachen nur zwei bis drei Ministern zu überweisen, dem intimeren Rate [1]), wie man es nannte. Zu ihnen gehörte Danckelman natürlich regelmäfsig; aber wie er in den beiden bedeutendsten Angelegenheiten der Epoche seiner Administration, in der Schwiebusser Sache und in der Frage der Erwerbung der Königskrone, sehr früh Fuchs und Meinders, in der ersteren auch Rhetz und Spanheim, hinzugezogen hat [2]), so scheute er sich in besonders verantwortungsvollen Aktionen, wenn kein Geheimer Rat zu erreichen war, auch nicht, einen Fernerstehenden einzuweihen [3]). Endlich aber traf doch auch das Witzwort eines fremden Gesandten, auf das man sich später mit Indignation berief [4]), dafs die Geheimen Räte ihren Namen deshalb hätten, weil ihnen alles geheim gehalten werde, obwohl es sich wohl nur auf die auswärtigen Angelegenheiten bezog, auch in dieser Beschränkung wenig zu. Auch dem Plenum wurden diese in dem denkbar ausgedehntesten Mafse [5]) unterbreitet.

Ganz anderer Mittel und Wege hat sich Danckelman bedient, um seinen Einflufs in der inneren Politik, insbesondere in der Direktion des Finanzwesens und der wirtschaftlichen Verwaltung, geltend zu machen. Sehr verschieden waren freilich auch hier persönliche und sachliche Verhältnisse. Die obersten Leiter der beiden Zweige der Finanzverwaltung standen zu ihm in engster Beziehung. Dodo von Knyphausen, dem schon vor Beginn dieser Regierung die Kammerverwaltung anvertraut worden war, war einer seiner getreuesten

---

[1]) Geh. Rats-Prot. vom 31. Jan. 1696.

[2]) Vergl. Droysen IV. 1 S. 95. Přibram 1688—1700 S. 40 ff.

[3]) So in einem kritischen Stadium der Karlsbader Verhandlungen des Jahres 1693 den Oberkämmerer Grafen Dönhoff. (Vorber. Art. 16.)

[4]) Der jüngere Schwerin in seiner Denkschrift gegen Danckelman vom 31. Juni 1698.

[5]) In einer — nach Ausweis der Protokolle — bei der Hartnäckigkeit der entgegengesetzten Behauptungen geradezu erstaunlichen Menge.

Anhänger — er stand und fiel mit dem Ersten Minister — und Daniel Ludolf Danckelmann, der schon unter Grumbkow von gröfstem Einflufs gewesen und nach dessen Tode sein Nachfolger im Generalkriegskommissariat geworden war, war sein jüngerer Bruder. Beide haben ihr Ressort auch im Geheimen Rat vertreten; inwieweit sie, deren beider Administration eine Reihe glänzender Erfolge aufzuweisen hat, durch des Freundes und Bruders Anregungen mafsgebende Impulse empfangen haben, dem wird schwer nachzukommen sein; wie immer, Danckelmans Persönlichkeit konnte bei der allgemeinen Leitung dieser Geschäfte weit mehr zurücktreten. Dennoch ist er weit davon entfernt gewesen, sich jeder Einwirkung auf sie zu enthalten. Ausdrücklich zwar wies er es bei seiner Ernennung zum Oberpräsidenten zurück, eine generelle Verantwortlichkeit für die Finanzen zu übernehmen, neben anderem — insbesondere der Überbürdung mit den Angelegenheiten so vieler sonstiger Departements — mag ihn vor allem die Scheu zurückgehalten haben, angesichts der Bedürfnisse und der Kassenwirthschaft einer Hofhaltung, wie der damaligen, eine solche Aufgabe zu übernehmen. Um so rastloser aber griff er in einzelne Zweige dieser Verwaltung ein. Nach und nach hat er eine nicht geringe Zahl von Ämtern und Kommissorien, die ihr angehörten, in seiner Hand vereinigt.

Gleichzeitig mit seinem Eintritt in den Geheimen Rat schon war die Ernennung zum Lehenrate erfolgt[1]). Er wurde dadurch Mitglied der Lehnskanzlei, einer Behörde, die dadurch, dafs die Erneuerung der Zunftbriefe in ihren Zuständigkeitsbereich gehörte, einen mafsgebenden Einflufs auf die Direktion der Gewerbepolitik des Staates ausübte. Danckelman, der zum Stellvertreter und ersten Beigeordneten des Direktors — damals Fuchs — bestimmt wurde, hat denn auch die durch den Regierungswechsel herbeigeführte Gelegenheit einer allgemeinen Neubestätigung der Innungsprivilegien benutzt, um gegen die eben jetzt in ihrer Sünden Blüte stehenden Zunftmifsbräuche einzuschreiten, nicht überall mit durchgreifendem Erfolge — dazu liefsen organische Mängel und die Dürftigkeit des Personals es nicht kommen — aber durchaus in der richtigen Tendenz eines staatlichen Eingriffs in den Verbildungsprozefs einer kastenartigen und engherzigen Abschliefsung der Gewerke, der so wie nichts anderes einen Aufschwung des Gewerbfleifses hemmte[2]).

Nachdem die Neuordnung der Kammerverwaltung, wie

---

[1]) Bestallung vom 20. Mai 1688.

[2]) S. Meyer, Geschichte der preufsischen Handwerkerpolitik I (1884) S. 111 ff., Schmoller, das brandenburgisch-preufsische Innungswesen von 1640 bis 1806 in Kosers Forsch. z. brand. u. preufs. Gesch. I (1888) S. 85 f.

es scheint[1]), aus Besprechungen Knyphausens mit Danckelman hervorgegangen war, ist dieser zu dem Mitgliede der Hofkammer ernannt worden, das neben dem Hofkammerpräsidenten den Geheimen Rat in dem Kollegium vertreten sollte[2]). Die Oberaufsicht über die eine der drei Hauptkassen der Dominialverwaltung, die Chatulle, schlofs sich daran an. Als einer der drei Kommissare für das Salzwesen hat er an der Reorganisation der Halleschen Salzwerke einen wesentlichen Anteil genommen.

Und bei der Übernahme all dieser besonderen Geschäfte blieb es nicht: obwohl Danckelman seit 1692[3]) auch durch Ernennung zum Präsidenten der kleve-märkischen Regierung ein Amt der allgemeinen Landesverwaltung anvertraut erhalten hatte, ergriff er 1695 noch die Leitung eines ganzen, damals schon zu umfassender Bedeutung emporgewachsenen Zweiges der Finanzadministration — des Postwesens. Obwohl er die ihm damals verliehene[4]) Erbpostmeisterwürde nur wenig mehr als zwei und ein halbes Jahr innegehabt hat, sind die charakteristischen Züge seiner Amtsführung, ein unermüdlicher Fleifs, ein weiter, in seinen Zielen der Zeit voraneilender Blick, doch auch hier hervorgetreten. Pläne, die er entworfen, geben Zeugnis davon, dafs die Verwaltung unter ihm, wäre ihm Zeit gelassen worden, eine Vervollkommnung erfahren haben würde, die sie in Wirklichkeit erst weit später erhielt[5]). Der glänzende Aufschwung, den der Gründer des brandenburgischen Postwesens, Mathias, ihm schon von seinen Anfängen an gegeben hatte, hat bis 1697 ungehemmt seinen Fortgang genommen: weit über die Grenzen des eigenen Staates hinaus umspannte das Netz der kurfürstlichen Posten ganz Norddeutschland. Nachdem man in langen Verhandlungen der Hofburg eine häufigere Verbindung zwischen Berlin und Wien über Breslau abgerungen hatte, verknüpfte man sie mit dem Berlin-Cleveschen Kurs, dem man die Fortsetzung bis Amsterdam gesichert hatte. Die so ganz Deutschland durchquerende Linie machte durch schnellere Beförderung der technisch weit zurückgebliebenen Thurn- und Taxisschen Reichspost nicht geringe Konkurrenz. Auf den alten Plan

---

[1]) S. Isaacsohn II. S. 258.

[2]) S. ebenda S. 262 den Passus aus der Instruktion.

[3]) Art. 1 des Peitzer Protokolls. — Von kleineren Nebenämtern noch ganz zu geschweigen: 1692 wurde Danckelman in Gemeinschaft mit Fuchs Kurator der Frankfurter Universität; 1695 erhielt er die Direktion der Kassen „montis pietatis“ (Reskr. vom 22. Aug. 1695).

[4]) Am 25. März 1695 s. (Fischbach), Historisch-politisch-geographisch-statistisch und militärische Beyträge die Königlich preufsischen und benachbarte Staaten betreffend III. 1 (1785) S. 526.

[5]) S. für diese und die folgenden Angaben Stephan, Geschichte der preufsischen Post (1859) S. 65. 71 f. 96 ff. 112. 124 f. 130.

des Grofsen Kurfürsten, dem schon halb geschlagenen Rivalen, dessen Gebiet man auch aufserhalb Brandenburgs schon oft genug verletzt hatte, mit dem man eben wieder wegen einer unter des Kurfürsten Schutz zwischen Cleve und Köln eingerichteten Privatfahrpost im Hader lag, auch einen formellen Verzicht auf sein Previleg, soweit es Brandenburg angieng, abzuwinnen, kam Danckelman zurück[1]). Dem anderen Nebenbuhler, Sachsen, that man dadurch Abbruch, dafs man mit Umgehung des Nachbarstaates zwischen Süddeutschland, Nürnberg insbesondere, und dem eigenen, bis Kassel reichenden System eine direkte Verbindung herzustellen suchte — im kleinen dasselbe Mittel, das die preufsische Politik in gröfseren Verhältnissen noch öfter — vor der Vollendung des Zollvereins und wiederum heute — in den deutschen Verkehrskämpfen angewandt hat. Als dann Sachsen scharfe Gegenmafsregeln ergriff, machte man ihm umfassende Vorschläge zu einer Einigung, einer „Generalcombination". Man bot dadurch die Hand zu einem weiteren Schritt auf der Bahn zu einer wirtschaftlichen Verständigung, einer Forträumung der Verkehrsschranken zwischen den gröfseren Territorien Norddeutschlands, auf der man eben durch den Abschlufs der Leipziger auf die Zinnaschen Abmachungen von 1667 zurückgehenden Münzeinigung mit Sachsen und Hannover ein gut Stück weiter gekommen war. Den äufseren Erfolgen der brandenburgischen Post aber entsprachen die finanziellen; in der kurzen Zeit, dafs Danckelman, dem auch die Aufsicht über die Generalpostkasse übertragen war, ihr vorstand, ist ihr Reinertrag um mehr als ein Fünftel gestiegen[2]).

Noch fünfviertel Jahr vor dem Ende seiner Administration hat Danckelman die Hauptmannschaft des Amtes Neustadt a. d. Dosse übernommen[3]). Zur Einrichtung fiskalischer Glas- und Kupferwerke hatte man die günstig — nahe der Elbe — gelegene Besitzung gekauft, und der Oberpräsident, der, wie sehr er auch durch eigene Beteiligung privaten Unternehmungen[4]) auf eigene Hand zu Hilfe zu kommen suchte,

---

[1]) Bei der Belehnung im Jahre 1697 sollte die Angelegenheit vorgebracht werden; für den Augenblick mufste man indes davon absehen, da eben damals ein Prozefs, den Thurn und Taxis beim Reichshofrat gegen den kurfürstlich-hannoverschen Erbpostmeister Grafen Platen um eines Eingriffs in das Reichspostprivileg willen anhängig gemacht hatte, übel für Hannover auslief. (Zwantzigk, Incrementa P. VIII. Tit. II).

[2]) Von 61 882 (1695) auf 75 135 Thlr. (1698) nach der bei Stephan S. 130 gegebenen Übersicht. Die 1697 erreichte Einnahme von 141 670 Thlrn. überstieg den Voranschlag, der nur 136 000 annahm, noch erheblich. (Kammerakten, Postrechnungen.)

[3]) Bestallung vom 28. Juni 1696.

[4]) Für die Wettiner- und Neustädter-Gewerkschaft s. u. S. 70 ff.

einsehen mochte, wie nötig ein Vorangehen des Staates zur Anspornung der darniederliegenden Industrie sei, hielt es für besser, persönlich die Anfänge der neuen Anlage zu überwachen; er hatte die Genugthuung, bald darauf rühmen zu können, dafs die Neustädter Glasfabrikation nach der venetianischen, französischen und englischen die vierte Stelle einnehme [1]).

Es lag doch etwas Grofsartiges in dieser vor keiner neuen Last zurückschreckenden Rastlosigkeit; wo immer ihm jemand nicht genug that, und das mochte nicht leicht sein, zögerte er keinen Augenblick, mit seiner eigenen erstaunlichen Arbeitskraft einzutreten, freilich hätte er auch wohl für seine Pläne wenige Vollstrecker gefunden, ebenso tüchtig, ebenso zuverlässig wie er selbst. Und so liegt denn auch Danckelmans Bedeutung vielleicht ebenso sehr in dem moralischen Gewicht seiner mächtigen Persönlichkeit, als in dem unendlich vielseitigen und weitreichenden Anteil, den er an den einzelnen Geschäften nahm. Denn aus jener entsprang nicht allein der sittliche Impuls, der von der rücksichtslosen Strenge, der eigenen, unermüdlichen Thätigkeit des herben, energischen Mannes nach unten ausging, sie gewährte auch der Stetigkeit und den Früchten der Arbeit Aller allein Halt und Schutz gegen die wenig günstigen Einwirkungen, die von der schwankenden Art, den persönlichen Neigungen des Herrschers und noch mehr von den weit unheilvolleren Bestrebungen seiner Umgebung der Fortentwickelung und dem Gedeihen des Staates drohten. Sie, die von ihm teils abgewandt, teils ganz oder halb wieder gut gemacht wurden, sind erst nach dem Ende seiner Administration zu ihrer vollen verderblichen Geltung gekommen.

Entlassung und Ungnade.

Eben in dieser Stellung Danckelmans lagen aber auch die Keime seines Sturzes. Denn ein Monarch kann wohl, unbesorgt um Hafs oder Liebe, befehlend, strafend und Unfähige bei Seite schiebend seinen Beamten gegenübertreten, nicht aber ein erster Minister. Oder nur dann, wenn er das unbedingte Vertrauen seines Fürsten besitzt. Wie aber konnte sich das — mochte es anfangs auch unerschütterlich scheinen — in einem Verhältnis erhalten, in dem der Diener der stets — und selten mit Unrecht — Mahnende, der Herr der stets Gemahnte, von der Verfolgung seiner Pläne Zurückgehaltene, wider Willen und Neigung Geleitete war? War Danckelman recht eigent-

[1]) Vorbericht Art. 18.

lich die Verkörperung der Mission des brandenburgischen Beamtentums, von der gesprochen wurde, so konnte doch in einem absolut-monarchischen Staate weder ihre Erfüllung, noch sein vorwaltender Einflufs auch nur einen Tag länger währen, als bis in der Seele des Herrschers seine durchaus abweichenden persönlichen Intentionen, durch die an seinem Hofe obwaltenden Strömungen nicht wenig befördert, jede entgegenstehende Rücksicht überwunden hatten. Und dafs sich diesen Tag herbeizuführen die Unzufriedenen und Zurückgesetzten in den höchsten Kreisen des Beamtentums mit den Gleichgesinnten der Hofgesellschaft verbinden würden, daran war kein Zweifel.

Wie grofs war die Zahl der Mifsgestimmten, wie verschiedenartig die verletzten Interessen[1])! Dafs Danckelmans Beförderung die von ihm überholten, d. h. alle älteren Minister mit Neid erfüllte, dafs ihren eifersüchtigen Augen kein irgend angreifbarer Punkt der Verwaltung entging, dafs sie Nachteiliges dem Kurfürsten zu Ohren zu bringen nicht zögerten, konnte nicht fehlen. Den in allen höheren Stellen vorwiegenden Adligen war der emporgekommene Roturier an sich ein Ärgernis. Wie schwer empfand man es in diesen Kreisen, dafs bei der Wahl des neuen römischen Königs zwei Brüder Danckelmans und nicht Personen von Distinktion als Wahl- und selbst als Krönungsgesandte fungierten! Am wenigsten hold war ihm die höfische Umgebung des Herrschers — kein Wunder, da er ihren unablässig steigenden finanziellen Ansprüchen gegenüber beständig und zum teil doch mit Erfolg Sparsamkeit predigte. Selbst von ihm Beförderte gewann er sich nicht zu Freunden; der Kanzler Unverfährt unter den Beamten, Colbe von Wartenberg unter den Kavalieren sind seine erbittertsten Feinde geworden. Alle hafsten den schroffen Mann, dem es durchaus nicht an einem lebhaften Gefühl seiner Würde gebrach, der die Ursache war, dafs Christoph Dohna sich Jahre lang grollend auf seine Güter zurückzog, der es sich nicht übelnahm, zwei Grofswürdenträger, die ihn unhöflich behandelten, in der Kirche vor versammeltem Hofe zu brüskieren, oder bei einer anderen Gelegenheit zwei Räten, die ihm ihren Besuch aufdrängen wollten, die Thür zu

[1]) Der Sturz Danckelmans, dessen äufsere Ursachen doch auch hier kurz berührt werden müssen, ist auf urkundlicher Grundlage mehrmals behandelt worden. Droysen IV. 4 S. 114 ff., Ranke S.W. XXV./XXVI. S. 431 ff. und in dem Aufsatze „Über den Fall des brandenburgischen Ministers Eberhard von Danckelmann" XXIV. (1872) S. 70 ff., Isaacsohn II. S. 283 ff., Bresslau a. a. O. 1 ff., Koser, Sophie Charlotte, auf Grund ungedruckter (inzwischen Märk. Forsch. XX. (1887) S. 225 ff. edierter) Briefe, Deutsche Rundschau LII (1887) S. 353 ff.

weisen[1]). Noch bedrohlicher war die Feindschaft der Kurfürstin. Trotz aller Neigungen zu Kunst und Wissenschaft war Sophie Charlotte keineswegs ohne den Ehrgeiz, an der Lenkung des Staats teilzunehmen. Stand Danckelman diesem Bestreben nun schon an sich im Wege, so wichen im besonderen ihre ganz und gar von hannoverschen Anschauungen beeinflufsten Neigungen weit ab von den von dem leitenden Minister verfolgten Bahnen einer rein brandenburgischen Politik, die in dem eben jetzt emporkommenden welfischen Nachbarn den natürlichen Nebenbuhler und Feind der Hohenzollern sah[2]). Mochte sie nun auch hier und da die Mafsnahmen des Gegners durchkreuzen, wie, da sie den von den Wolfenbütteler Herzögen und dem Prinzen Maximilian Wilhelm im Einverständnis mit Danckelman entworfenen Plan gegen die Einführung der Primogenitur in Hannover ihrem Vater verriet[3]): ihr Mangel an Einflufs am Berliner Hofe blieb ihr ein bitterer Stachel; sie empfand Danckelmans Autorität wie einen unerträglichen Druck[4]). Friktionen persönlicher Natur traten hinzu[5]); die Rücksichtslosigkeit, mit der sich der Minister auch ihr gegenüber über die Formen hinwegsetzte[6]), Mifsverständnisse, die des Gehafsten wegen zwischen ihr und ihrem Gemahl entstanden[7]), erbitterten sie bis zu einem so hohen Grade, dafs sie schliefslich jeden ihr zugetragenen Vorwurf gegen Danckelman glaubte, ihn für einen Dieb und Schurken, einen Schaden für Land und Fürsten hielt und empört war, wenn man selbst in Hannover ihre mafslosen Anschuldigungen mit Zweifeln aufnahm[8]).

---

[1]) Extractus status causae et gravaminum, des gewesenen Oberpräsidenten Danckelman geführte Direktion und Ministerium betreffend. Punkt 2.

[2]) Die Kurfürstin nennt in dem Briefe vom 30. Nov. 1697 an ihre Mutter Danckelman un homme qui lui (à l'électeur) donnait des fort mauvois sentiments pour la maison de Bronswig. (Koser, Märk. Forsch. XX. S. 229.)

[3]) Havemann, Geschichte der Lande Braunschweig und Lüneburg III. S. 296 ff. Vgl. Ranke XXIV. S. 85.

[4]) Après avoir vécu 13 ans sous la tyrannie de cet homme (Brief vom 27. Nov. an Sophie bei Koser S. 228.)

[5]) Bresslau S. 8 und 9.

[6]) Stepney am 25. Febr. 1698: whose too rough behaviour while he was in Power has, I fear, generally disobliged all sorts of People from the highest to the lowest not excepting the Electrice herself, who has frequently complaind that due regard has not been had of her. (Ranke XXIV. 95). Er selbst gesteht es zu (Vorber. ad 6.)

[7]) Stepney am 8. März 1698: on l'accuse d'avoir mis de la froideur entre l'Electeur et l'Electrice (ebenda S. 99.) Der Kurfürst selbst sagt in den „Puncta, worüber der Oberpräsident zu befragen": Ob es Recht, dafs man zwischen Eheleuten Uneinigkeit suchet anzurichten. Droysen IV. 1. S. 120.

[8]) „. . . assurer à V. A. E. que je ne suis pas préoccupée au sujet

Unablässig bemühte sie sich, den Kurfürsten gegen ihn einzunehmen, und sie hat ihr Ziel erreicht; die letzten, den Fall Danckelmans entscheidenden Schläge gingen von ihr aus[1]). Dafs es bei der blofsen Entlassung nicht blieb, dafür sorgte sie — nicht minder eifrig als die Dohna und Wartenberg, die Lottum und Barfufs. Leichtes Werk hatten Danckelmans Feinde bei dem Kurfürsten nicht; aber sehr zahlreich waren doch die Momente, in denen die Divergenz der Anschauungen Beider ihren Ausdruck fand; immer häufiger traten bei Friedrich Stimmungen ein, die jenen Bestrebungen entgegenkamen. Wie lästig mufste auch ihm, dem die Beförderung von Kunst und Wissenschaft und noch mehr die Entfaltung fürstlichen Gepränges am Herzen lag, Danckelmans stetes Mahnen sein, auf die Kräfte des Staats Rücksicht zu nehmen! Und wenn der Minister wirklich, wie man sagte, dem Herrscher gegenüber das einstige Verhältnis des Lehrers zum Zögling nicht immer vergafs, wie mochte das dieser Fürst ertragen, dem nichts so hoch stand als seine Würde und ihre Wahrung nach aufsen? Dazu kam die Zurücksetzung, die man zu Rysswijk erlitten, das nur widerwillige Eingehen Danckelmans auf des Kurfürsten Lieblingsplan, die Erwerbung der Königskrone, endlich die durch mannigfache finanzielle Verlegenheiten hervorgebrachte Überzeugung des Kurfürsten, dafs der Staat einem allgemeinen Ruin entgegengehe, und dafs dieser auf die Mifsverwaltung, wenn nicht auf Betrügereien Danckelmans zurückzuführen sei. Trotz allem hat es Friedrich doch einen harten Kampf gegen das alte Vertrauen auf den einst über alles geschätzten Mann gekostet, ehe er den von allen Seiten auf ihn einstürmenden Einwirkungen, den eigenen Mifsstimmungen nachgab. Schon im Frühjahr 1697 verriet er dem Grafen Dohna seine Absicht, den Oberpräsidenten zu entlassen[2]), und noch ein halbes Jahr hat es gedauert, ehe er wirklich dazu schritt, schliefslich ganz ermattet von der Aufregung des fortwährenden Schwankens[3]). Noch bis zuletzt stand er unter dem Einflufs von Danckelmans mächtiger Persönlichkeit: mehr als eine ehrenvolle Verabschiedung des Oberpräsidenten konnte man ihm nicht abgewinnen; erst als man sie getrennt hatte, als jener Zauber gebrochen war, wufste man den

---

du président Danquelman.“ (An Sophie vom 23. Nov. 1697. Koser S. 227).

[1]) Ganz ihrer Sache sicher schreibt sie am Tage vor der Entlassung: . . Mons. l'Electeur ne le veut pas encore; mais la poste prochaine Elle saura tout. (Ebenda). S. auch den Brief des Agenten du Cros an Herrn de Busch vom 18./19. März 1698 (bei Bresslau, Aktenstücke zur Geschichte Jos. Aug. du Cros' S. 25 f.) über ihren Anteil.

[2]) Dohna, Mémoires p. 191.

[3]) S. Jltens Ber. vom 25. Nov. 1697 (Bresslau, Danckelmann S. 49 f.).

schwachen Mann vollends gegen ihn einzunehmen: der gnädigen Entlassung folgten schmähliche Verhaftung und die entehrendsten Anklagen.

Doch wie? war denn eine Verschuldung Danckelmans durchaus ausgeschlossen, hatte der Kurfürst sie zu vermuten keinen einzigen Anlafs? Mit nichten; denn, mochten auch wenige der gegen die Verwaltung des Oberpräsidenten gerichteten sachlichen Vorwürfe vor Friedrichs besserer Kenntnis bestehen können, anders stand es mit den gegen seine persönliche Redlichkeit erhobenen Beschuldigungen — wie viele Staatsmänner jener Zeiten hätten sich einer durchaus lauteren Handlungsweise mit Recht rühmen, vor einer Prüfung bestehen können! Und zu schwer, zu allgemein verbreitet waren die Anklagen, die gerade gegen diese Seite seiner Amtsführung gerichtet wurden. Danckelman habe sich bei der Neuordnung des Halleschen Salzwesens, bei der Erbauung der Saalschleusen bereichert; er habe Domänen an sich gebracht; in gewinnsüchtiger Absicht ziehe er immer neue Ämter an sich und vergebe immer mehr Stellen an seine Brüder; er stehe in Verbindung nicht allein mit dem Könige von England, sondern auch mit Frankreich und empfange dafür Gelder — so hiefs es überall, nicht allein in der Residenz[1]). Auf jene Mifsbräuche führte man die unleugbar bestehenden Unordnungen in den Zentralkassen der Kammerverwaltung, auf diese die Mängel der auswärtigen Lage des Staats, die Höhe der Kriegsanlehen zurück. Gewifs — nichts bürgte dem Kurfürsten dafür, dafs, wenn auch nicht alle, so doch einige dieser Anschuldigungen Wahres enthielten; eine Untersuchung war sicherlich nötig und ihr Resultat keineswegs vorauszubestimmen. Eines aber konnte der so heftig Verdächtigte fordern — ein gründliches und schnelles Verfahren. Wie weit aber ist der nun folgende Prozefs davon entfernt geblieben!

Wie immer es auch um die Glaubwürdigkeit der Anekdoten[2]), die man von den schlimmen Vorahnungen Danckelmans erzählt hat, bestellt ist, Thatsache bleibt, dafs er, nachdem ihm die Ernennung zum Oberpräsidenten aufgedrungen[3]), in der letzten Zeit häufig um seinen Abschied bat[4]). Ob er damit nur eine Pression auf den Kurfürsten ausüben wollte,

---

1) Von den Anklagen gegen die auswärtige Politik finden sich gerade diese in einem Bruchstück der Memoiren des magdeburgischen Regierungsrates Guerike aufgezählt (Coll. König. Vol. XX. Ms.).

2) Undatierte Denkschrift Danckelmans an den Kurfürsten, des Inhalts, dafs er mit Absicht sein Diplom in der Expedition habe stecken lassen.

3) So die bei Pöllnitz, Mémoires pour servir à l'histoire des quatre dernier souverains de la maison de Brandenburg (1791), I. S. 187 erzählte.

4) Peitzer Protokoll: Eingang.

ob er ihn wirklich, wie er behauptet, seiner Gesundheit und seiner Familie wegen herbeiwünschte, wer will das entscheiden? Nachdem er sofort nach seiner Erhebung, so schrieb er später, beschlossen, die Stellung, als auf die Dauer unhaltbar, aufzugeben, habe er sich, um sich dem Kurfürsten entbehrlicher zu machen, mehr und mehr aus dessen unmittelbarer Umgebung zurückgezogen und, als endlich einmal sein Demissionsgesuch angenommen worden, nur Freude darüber empfunden, des verantwortungs- und mühevollen Amtes ledig geworden zu sein [1]).

Am 24. November (a. St.) hatte Danckelman das kurfürstliche Handschreiben empfangen [2]), das ihm die Annahme seiner zwei Tage vorher wiederum erneuerten Bitte um Entlassung mitteilte. Zwar ward es ihm von einem seiner unversöhnlichsten Gegner, dem Generalfeldmarschall Barfuſs, überbracht; aber es war in den gnädigsten Ausdrücken abgefaſst. Am 26. wurde das ebenso anerkennungs- und huldvolle Abschiedspatent im Konzept ihm vorgelegt, in dem der Kurfürst die Summe des ihm bleibenden Gehalts aus sechs in zehn Tausend Thaler umgeändert hatte, und das ihm die Erbpostmeister- und die Regierungspräsidentenstelle, sowie die ihm erst seit kurzem [3]) übertragene Amtshauptmannschaft zu Neustadt a. d. Dosse belieſs [4]) — aber zugleich, und das war der erste groſse Erfolg einer neuen Reihe von Intriguen, teilte man ihm mit, daſs der Kurfürst auch jetzt ihn noch nicht empfangen könne, weil er dadurch zu stark erschüttert zu werden fürchte. Zu gröſserer Sicherheit bewog man Friedrich, sich nach Lietzenburg zu begeben; nun hatten die Feinde gewonnen Spiel; zu den alten Anklagen log man neue hinzu [5]), Danckelman habe öffentlich so gesprochen, als habe er seinem Herrn „den Stuhl vor die Thüre gesetzt“ [6]); er verbrenne jetzt wichtige Papiere [7]), und was man sonst erfand. Als der Kurfürst am 2. Dezember in die Stadt zurückkehrte, wurde der also Verleumdete angewiesen, sich nach Neustadt zu begeben;

---

[1]) Vorbericht ad 31.

[2]) d. d. 23. Nov.

[3]) 1696 Peitzer Protokoll ad 1.

[4]) Abgedruckt bei Cosmar und Klaproth S. 377 ff.

[5]) Zu welchen Mitteln man in diesen Kreisen zu greifen sich nicht scheute, zeigt am besten das von Dohna selbst (S. 190 f.) mit groſser Unbefangenheit erzählte Geschichtchen, wie er die angeblich auf Danckelmans Befehl geprägte Medaille auf die Pleias Fratrum (bei Gütther, Friedrich I. (1750) S. 491) dem Kurfürsten in die Hand gespielt habe.

[6]) Art. 20 des Peitzer Protokolls nimmt diese Beschuldigung auf, s. Dubrams Bericht vom 16. Mai 1702, der den Passus aufnimmt (Förster, Friedrich Wilhelm I. Urkundenbuch I. (1834) S. 16).

[7]) Art. 16 ebenda S. 15.

zu der ihm eben anbefohlenen Ordnung seiner Akten liefs man ihm keine Zeit. Nun genügte es, den Verdacht auszusprechen, als bereite sich der Entlassene vor, aufser Landes zu flüchten, und das Äufserste geschah: am 10. Dezember morgens fünf Uhr erschien der Generalmajor von Tettau in seiner Wohnung, um ihn nach Spandau abzuführen[1]).

[1]) An die Zeitfolge dieser Ereignisse, die Droysen (IV. 1 S. 118) und Bresslau (S. 43) schon mitteilen, war doch nötig noch einmal zu erinnern, da man auch sie verdunkelt hat, um daraus neue Anklagepunkte zu schmieden.

Zweiter Abschnitt.

Der Prozefs.

Äufserer Gang der Untersuchung bis 1702.

Der erste Schritt[1]), der gethan wurde, um für die im Lande und an den auswärtigen Höfen ungeheures Aufsehen erregende Verhaftung eine rechtliche Basis zu schaffen, war die an die meisten der höheren Hof- und Staatsbeamten ergehende Aufforderung des Kurfürsten, ihm insgeheim — jeder Einzelne hatte einen besondern Befehl erhalten[2]) — auf Ehre und Pflicht mitzuteilen, was für Unregelmäfsigkeiten unter Danckelman begangen seien. Die Antworten, die darauf erfolgten — sechzehn an der Zahl — liefern ein historisch und psychologisch denkwürdiges Bild von dem sittlichen Zustand dieser Kreise — der höchsten der Gesellschaft. Sie bieten fast noch mehr ein Material zur Beurteilung der Ankläger als des Angeklagten. Ein Fürst, der Herz und Nieren seiner Ratgeber hätte prüfen wollen, hätte keine wirksamere Probe ersinnen können. Denn den Befragten wurde hier eine Gelegenheit geboten, über den Mann, der ihnen durch lange Jahre ein unnachsichtiger und schroffer Vorgesetzter gewesen war, ohne den geringsten Zwang, ohne auch nur einen gehässigen Gedanken zurückhalten zu müssen, ihre Meinung zu sagen. Und sie haben sie reichlich benutzt: welche Fülle unedler Leidenschaft tritt da zu Tage, wie wenige von diesen grofsenteils reich begabten und in langjähriger Thätigkeit

---

[1]) Über den Gang des Prozesses haben Cosmar und Klaproth S. 254 ff. u. S. 377 ff. einige wenig gesichtete Nachrichten, Förster, Friedrich Wilhelm I. I. S. 20 ff. auf urkundlicher Grundlage Nachträge, Droysen IV. 1 S. 119—123 eine kurze Übersicht gegeben. Hier sind die auch von Droysen benutzten, höchst weitläufigen Akten des Prozesses in ausgedehnterem Mafse ausgebeutet, die Akten der Finanz-, insbesondere der Kammerverwaltung dieser Jahre hinzugezogen.

[2]) Datiert ist die Mehrzahl vom 23., einzelne vom 26. Januar 1698.

bewährten Männern offenbaren sich als lautere Charaktere! Dieselben Geheimen Räte, die noch vor wenigen Jahren, als ihnen der Kurfürst eine Beschwerdeschrift Danckelmans über schon damals umlaufende verleumderische Gerüchte über ihn vorlegte, einstimmig der Ansicht Ausdruck gegeben hatten, solche Verdächtigungen seien auf das strengste zu ahnden[1]), konnten sich jetzt in der Auffindung immer neuer Anklagen, unbekümmert um ihre Begründung, gar nicht genugthun. Mag man noch so wenig vergessen, dafs nirgends so leicht als in der büraukratischen Unterordnung gleich eigenwilliger und oft geistig ebenbürtiger Individualitäten Neid und Eifersucht, Friktionen und Unzufriedenheiten aller Art enstehen, nichts — nicht einmal die damals auch in Brandenburg noch keineswegs unmögliche Annahme von „Ergetzlichkeiten" fremder Fürsten — ist so charakteristisch für die innere Zuchtlosigkeit dieser Beamtengeneration, die noch nicht durch Friedrich Wilhelms I. eiserne Disziplin gegangen war, als diese Reihe von Berichten, die zumeist Pasquillen und Schmähschriften weit ähnlicher sind, als unparteiischen oder nur ohne offenbare Verleumdung abgefafsten Denkschriften, weniges so bezeichnend für die Nachwirkungen der moralischen Verwilderung unseres Volkstumes in dem Elend der dreifsig Jahre noch nach anderthalb Menschenaltern, als dafs die Leiter des fortgeschrittensten deutschen Staates, gewifs hervorragende Repräsentanten des Adels und des höheren Bürgertums, so handelten.

Nur einer von den Sechzehn — Rhetz[2]) — ist so mutig zu gestehen, er wisse gar nichts; der Herr von Canitz begnügt sich mit dem mäfsigen Tadel[3]) einer diplomatischen Mafsnahme; dann aber ist kein Einziger mehr, der, auch wenn er von den Dingen selbst nichts wissen kann und das auch ausdrücklich sagt, nicht doch aufzählt, was er alles gerüchtweise, von Hörensagen, von Jemand, „dessen Namen er aber vergessen hat," u. s. w. an Übelthaten Danckelmans vernommen hat. Die Vorsichtigen, wie Fuchs[4]) und Schwerin[5]), begleiten ihre Aussagen mit einem pharisäisch genug klingen-

[1]) Geheimrats-Protokolle vom 7. April 1694 und zwei folgenden Sitzungen. Es handelt sich um eine Äufserung über die hallische Salzverwaltung, die namentlich Stille gethan haben sollte. Der Kurfürst schritt aufs eifrigste ein, beauftragte Fuchs und Meinders mit der Vernehmung Stilles und war auch, als dieser, der Ehrenrühriges gar nicht gesagt zu haben behauptete, um Vergebung bat, noch wenig zufrieden: er befahl fürs erste, dem Ankläger seine Stellung beim Hofstaat zu nehmen.

[2]) Denkschrift vom 5. Februar 1698.

[3]) Denkschrift vom 30. Januar.

[4]) Vom 30. Januar.

[5]) Vom 31. Januar.

den Ausspruch des Bedauerns über den Fall, anders Dohna[1]), der triumphierend darauf aufmerksam macht, wie er von jeher, „trotzdem er damals angeschwärzet gewesen,“ auf Danckelmans schlechte Wirtschaft hingewiesen habe. Ueberhaupt weist die Reihe der Denkschriften die gröfste Mannigfaltigkeit auf, von den Berichten Kleinsorges[2]) und Unverfährts[3]), die mit der Leidenschaft, aber auch mit der Sorgfalt des Hasses neben den bodenlosesten Verleumdungen doch auch die wirklich der Prüfung werten Punkte des Materials beibringen, bis zu der Eingabe des Diplomaten Brandt[4]), der zuerst die überall wiederkehrenden allgemeinen Anklagen anführt, am Schlusse aber angiebt, er sei erst zwei Jahre im Geheimen Rate und wisse deshalb auch eigentlich nichts Sicheres, von den zwar meist Kleinliches, aber doch Bestimmtes vorbringenden und von den ganz vagen Vermuthungen absehenden Vorwürfen von Scultetus[5]) oder Weise[6]) bis zu dem erleuchteten Standpunkt des wackeren Haudegens Barfufs, dessen Votum[7]) in dem Satze gipfelt: wie hoch des von Danckelman Ambition und Anmafsung gestiegen, gehe daraus deutlich hervor, dafs auf den Erlassen, seit er Oberpräsident geworden, seine Kontrasignatur von unten immer höher auf der Seite gerückt sei, bis sie schliefslich — welch ein Gräuel — ganz dicht unter Seiner Kurfürftlichen Durchlaucht Höchsteigenem Namen gestanden habe[8]). Chwalkowski[9]) ist es nicht genug, den Etikettenstreit mit dem kaiserlichen Botschafter Grafen Waldstein als ein Symptom der Überhebung Danckelmans auszubeuten, er sieht in ihm auch eine hochverräterische Mafsnahme, insgeheim mit dem Wiener Hofe zu dem Zwecke verabredet, dafs dieser mit Berufung auf die Zurücksetzung die Subsidiensumme herabsetzen könne — eine von den wenigen Insinuationen, die man nachher, obgleich man dabei nicht allzu wählerisch zu Werke ging, in die Anklageschrift aufzunehmen sich scheute. Nach Hunderttausenden wird überall der von Danckelman angerichtete Schaden berechnet, keine auch noch so zweckmäfsige Mafsregel ohne Bemängelung gelassen. Wenn es zu einem der gröfsten Verdienste des geschmähten Staats-

---

[1]) Vom 4. Februar, abgedruckt bei Graf Dohna, Aufzeichnungen über die Vergangenheit der Familie Dohna III. (1882) S. 255 ff.

[2]) Vom 3. Februar.

[3]) Vom 29. Januar.

[4]) Vom 26. Januar.

[5]) Vom 5. Februar.

[6]) Vom 29. Januar.

[7]) Nach dem undatierten Konzept.

[8]) Barfufs kann nicht besser charakterisiert werden, als es in der Flugschrift: Fall und Ungnade zweier Staats-Minister in Deutschland (Cölln, Peter Marteau 1712 und 1713) geschieht: „der war ein guter Soldat, aber dabei hart und von einer mäfsigen Fähigkeit.“

[9]) Vom 5. Februar.

mans gehört, den letztwilligen Verfügungen Friedrich Wilhelms zuwider das Prinzip der Staatseinheit gegen die Stiefbrüder des Kurfürsten gewahrt zu haben, Kleinsorge nimmt doch Veranlassung sich ihrer anzunehmen, die „so bas und timide gehalten“ seien, dafs sie kaum ihre Sache vorzutragen gewagt hätten. Der Hofmarschall Wylich-Lottum sowohl, wie der Hofrentmeister Stille inkriminieren besonders, dafs Danckelman immer die Hofstaatskasse in Not habe stecken lassen, während doch oft genug auf die Heranziehung der Domänen, d. h. die Antastung der Domänen-Einlösungsgelder, hingewiesen sei — ein Wunsch, mit dessen Erfüllung man allen guten Traditionen dieses Staates untreu geworden wäre, und in dessen Versagung sich Danckelman freilich, ganz im Geiste des Grofsen Kurfürsten, allem Drängen der Herren vom Hofe zum Trotz, am zähesten erwiesen hatte. Mit dem edlen Zorn sittlicher Entrüstung teilt denn auch der Graf mit, der Oberpräsident habe einmal in dieser Angelegenheit zu Stille gesagt, er solle sich vom Herrn Obermarschall nicht zu viel in die Karten sehen lassen. Stille selbst ist übrigens so ehrenwert, in eine ganze Reihe von Vorwürfen[1]) doch auch einige Worte der Anerkennung über Danckelmans Postverwaltung einfliefsen zu lassen, es ist in einem ganzen Stofse von Akten die einzige Zeile, die von Danckelman etwas Löbliches berichtet.

Mit einer eigenhändigen Aufzeichnung des Kurfürsten[2]), mit der er selber unter die Zahl der Ankläger trat, bildeten diese Denkschriften, die sämtlich innerhalb weniger Tage zusammengeschrieben waren, das Material, auf dessen Boden man die Untersuchung gegen Danckelman eröffnete; aus ihnen wurde, zum Teil in wörtlicher Wiedergabe, die erste Anklageschrift[3]) kompiliert.

---

[1]) Denkschrift vom 1. Februar 1698.

[2]) Bei Droysen S. 120 sind von den „Puncta, worüber der Ober-Präsident zu befragen sei“, die drei ersten, Danckelmans Fahrlässigkeit bei dem englischen Traktat, die von ihm zwischen Eheleute gesäete Uneinigkeit, und die Erziehung des Kurprinzen betreffend, dem Wortlaute nach wiedergegeben, nicht die weiteren. Sie folgen hier: „Ob es recht, dafs er dem Hertzog von Kurland mehr versprochen, denn ich ihm befohlen“ (ist nicht verwandt worden bei der Anklage.) „Ob es recht, dafs er meine Autorität seinem Interesse hintangesetzet, in dem alles was ich befohlen liegen geblieben, und was er gewollt ausgefertiget worden. Ob es recht, dafs der von Danckelman alle die Collegia mit seinen Brüdern und Creaturen besetzet, und so viel in dem Geheimen Rat dazu verholfen, da er doch die Schrift des Kurfürsten Friedrich Wilhelm gelesen, worinnen der Successor dafür gewarnet wird. Ob es recht, dafs man andere von Corruption beschuldiget, da er dasjenige selber gethan und seinem Herrn eine méfiance gegen alle seine Bediente inspirieret.“

[3]) Der „Extractus status causae et gravaminum, des gewesenen Oberpräsidenten von Danckelman geführte Direktion und Ministerium be-

Den Angeklagten liefs man zunächst über zehn Wochen ohne ein Wort der Nachricht über den Stand seiner Sache, gestattete ihm nur die Absendung offener indifferenter Briefe und verbot ihm jegliche Korrespondenz zur Herbeischaffung von Verteidigungsstoff sowie jede Bittschrift an den Kurfürsten. Erst am 22. Februar 1698 erschienen ohne jede vorgängige Meldung die vier vom Kurfürsten zur Untersuchung seiner Sache bestellten Kommissare bei ihm. Von ihnen gehörten Barfufs und Lottum zu seinen ausgesprochenen Feinden, der Feldmarschall vor allem, weil ihm nach Grumbkows Tode bei der Neubesetzung des Generalkommissariats Daniel Ludolph Danckelman vorgezogen worden war. Auch von Schmettaus und Schwerins Gunst war wenig zu erwarten; wenn auch ihre Denkschriften [1]) nicht den Charakter leidenschaftlichen Hasses trugen [2]), hatten sie doch ihr Scherflein beigetragen; sie — besonders Schwerin trotz des nahen Verhältnifses [3]), in dem sein Vater einst zu Danckelman gestanden — vertraten das Element der sich zurückgesetzt fühlenden älteren Geheimen Räte. Auf Grund der Anklageschrift wurde ein mehrstündiges Verhör [4]) mit dem durchaus Unvorbereiteten angestellt. Auf die zum grofsen teil ganz allgemein gefafsten Anklagen konnte er nur mit ebenso allgemeinen Negierungen antworten; bei vielen Details verliefs ihn das Gedächtnifs, so dafs das Protokoll nur kurze Antworten wiedergiebt. Er sei zu Anfang sehr heiter und zuversichtlich gewesen, dann bei der Menge der Anschuldigungen doch etwas niedergeschlagen, nach Mittag aber bei der Wiederaufnahme der Inquirierung wieder ganz gefafst, so berichten die Kommissare [5]). Die Bitte, ihm das Anklagedokument abschriftlich zurückzulassen, ward ihm, wie zuvor befohlen, kurweg abgeschlagen. Das Verhör selbst war als eine Art unverdienter Gnade bezeichnet worden [6]).

---

treffend", dessen Inhalt, ganz kurz zusammengefafst, bei Ranke XXIV. S. 108 ff. und in besserer Version bei Bresslau S. 62 ff. abgedruckt ist. Es sind die 31 Artikel.

1) Vom 1. Februar und 31. Jan.

2) Von Schmettau wohl mit Recht schreibt Stepney: de tous les ministres Mr. Fuchs et Mr. Smettau me paroissent être les plus moderés (Ber. vom 8. März 1698 bei Ranke XXIV. S. 102).

3) Ganz im Gegenteil leitet Stepney seine Abneigung aus Danckelmans Undankbarkeit ab: However Mr. Dankelman is censured for not having suitable returns of gratitude and perhaps thereby may have provoked Mr. Swerins Resentment and that of his family who by thers alliances are very numerous and powerfull. (Ber. vom 25. Febr. 1698. Ranke ebenda S. 96.)

4) Einige Punkte des Protokolls bei Bresslau S. 65 f.

5) Protokoll vom 22. Februar.

6) Commissorium vom 21. Februar. S. auch den bei Droysen IV. 1 S. 293 mitgeteilten Passus.

Auf die fortgesetzten Bitten des Mannes, den man schlimmer als einen überwiesenen Verbrecher behandelte, ihm durch Überlassung der Anklageschrift überhaupt die Möglichkeit sich ausreichend zu verantworten zu gewähren, ihm die Annahme eines Verteidigers zu gestatten, war, wie er später bitter bemerkt hat, die nächste Anwort die Abführung nach Peitz: er war seinen Gegnern in Spandau noch nicht weit genug vom Kurfürsten entfernt. Erst am 2. April erfolgte die Übersendung der Anklageschrift der einunddreifsig Punkte — ob mit Rücksicht[1]) auf die Verwendung Wilhelms III.[2]) oder weil der Kurfürst die allzugrofse Härte des bisherigen Verfahrens einsah, steht dahin. Das noch öfter wiederholte Verlangen nach einem Verteidiger erregte beim Kurfürsten das höchste Erstaunen. Der Grund, den Barfufs Danckelman brieflich mitteilte[3]), ist höchst charakteristisch für die Auffassung Friedrichs: es scheine ja, als wolle Danckelman es auf einen ordentlichen Prozefs ankommen lassen. Der schon vollständig Eingeschüchterte antwortete, er sehne sich durchaus nicht nach einem solchen[4]). Noch erwartete er von der Gerechtigkeit des Kurfürsten schnelle Erledigung. Wie grausam ward seine Hoffnung getäuscht! Trotz der flehentlichsten Bitten um Beschleunigung der Untersuchung, dauerte es nun, nachdem er am 10. Juli seine Verteidigungsschrift[5]) eingesandt hatte, noch über drei und ein halbes Jahr, ehe seine Sache auch nur um einen Schritt vorrückte.

Sogleich nach Danckelmans Ausscheiden hatte man eine höchst umfassende Untersuchung des Zustandes der gesamten Staatsverwaltung vorzunehmen beschlossen; denn ganz entsprechend der einmal beliebten Annahme, als eile der Staat dem Ruin entgegen, sollte das ganze System gleichsam vor Gericht gezogen, auch andere, inbesondere die nächsten Anhänger des gestürzten Ministers, in seinen Fall verwickelt werden. Eine ungemein zahlreiche General-Untersuchungskommission wurde eingesetzt, nicht weniger als 25 Subkommissionen gebildet und an sie die einzelnen Personaluntersuchungen, auch die gegen den Oberpräsidenten, und eine Reihe von Verwaltungszweigen verteilt[6]). Dies mag auf

---

1) Wie Droysen IV. 1 S. 122 annimmt.

2) S. die Berichte Stepneys vom März und April bei Ranke XXIV. S. 98 ff., den Brief Wilhelms an Heinsius Ranke XXII. S. 217 und Dobrczenskys Bericht bei Droysen IV. 1 S. 293.

3) Brief vom 15. Juli 1698.

4) Antwort Danckelmans vom 5. August 1698.

5) „Unterthänigster Vorbericht bis zur völligen Beantwortung und Defension über die 31 Beschuldigungspuncta, derer Titul ist Extractus Causae etc.", ein höchst umfassendes — über 300 Folioseiten füllendes — Aktenstück.

6) Nach einem wohl aus dem Anfange des Jahres 1698 stammenden

Danckelmans besondere Sache insofern nicht wenig verzögernd eingewirkt haben, als die vier Kommissare, die diese führen sollten, auch vielfach bei den anderen Departements beteiligt, zwei von ihnen, Barfufs und Lottum, in Gemeinschaft mit Wartemberg und Fuchs mit der Leitung der gesamten Kommission beauftragt waren. So kam es, dafs die Hauptlast dieser Untersuchung auf den Hoffiskal Möller fiel, dem ebenso auch noch die Bearbeitung des Verfahrens gegen den Kanzler Danckelman, gegen Kraut und gegen Raulé aufgebürdet war — alles neben seinen nicht unbedeutenden laufenden Amtsgeschäften. Unter der Oberleitung jener vier Mitglieder sind freilich auch noch Mieg, Heugel[1]) und nach einiger Zeit Unverfährt[2]), an defsen Stelle später Luben trat, als leitende Kommissare nach einander auch Dohna[3]), Brandt, Fuchs, Graf Dönhof, Graf Berchem, zuletzt noch der Oberprokurator Brechtel und Illgen in Sachen Danckelmans beschäftigt gewesen; aber sie waren in der Hauptsache nur die Vermittler der unaufhörlich fortgehenden Korrespondenz, bestehend aus den unendlich zahlreichen Bittschriften des Angeklagten und den Erwiderungen darauf — in der Regel ebenso viel abschläglichen Bescheiden. Die richterliche Thätigkeit, die Instruktion des Prozesses, die Sammlung, Sichtung und Verwertung des ausgedehnten Materials lag fast ausschliefslich auf den Schultern des Hoffiskals[4]). Der unglückliche Mann, den bald noch mehr als die Masse der Arbeit das Bewufstsein drückte, dafs eigentlich keine der Anklagen juristisch zu fundieren sei, erlag fast unter der Last. Schon 1699 schrieb er an den Herrn von Wedell[5]), er möchte von diesem Prozefs befreit sein, er liege ihm schwer auf dem Herzen, da er ein „Merkmahl" für Sr. Ch. D. sonst berühmte Justiz sei, und allbekannt ist der verzweiflungsvolle Stofsseufzer, den ihm der Mangel an Anklagestoff entlockte: „Sancte Deus, juste Judex, Artikul kann ich machen; aber woher soll ich die probationes nehmen? ich habe ein corpus actorum verlanget und nichts erhalten; Niemand will das Herz haben, den schlechten Zustand des Processes Sr. Ch. D. zu offenbaren, sondern derselbe soll continuiret werden, fiat in nomine Domini!"[6]) Auch er hat sich das Herz nicht ge-

---

Aktenstück: „Bei der General-Domänen-Kommission ist die Repartition der Affairen folgendergestalt gemacht worden."

[1]) Durch Erlass Wartenbergs vom 8. Nov. 1698 beauftragt.

[2]) Am 13. Dez. 1699 den oben Genannten adjungiert.

[3]) Am 23. Nov. 1699 ward ihm aufgetragen, sich von der Kommission referieren zu lassen und dem Kurfürsten darüber vorzutragen.

[4]) Das geht aus seinen und seines Nachfolgers noch in weitem Umfange erhaltenen Manualakten hervor.

[5]) Brief vom 6. Juni.

[6]) Die Worte finden sich in einem Tagebuch, das sich Möller über

fafst, sondern erst sein mutigerer Nachfolger. Hatte doch der Kurfürst jeden für einen Schurken erklärt[1]), der ihm von Danckelmans Unschuld zu reden wagen würde.

Freilich waren der Kommission auf ihre Beschwerde[2]), es fehle an Materialien, die Akten der Hofkammer und des Generalkommissariats zur Verfügung gestellt worden[3]); eine ganze Reihe von Personen sind vernommen, über einzelne Vorgänge spezielle Untersuchungen angestellt worden: die Unmöglichkeit, eine solche Menge der allgemeinsten und vagsten Anschuldigungen, wie sie die einunddreifsig Punkte erhoben, auch nur scheinbar hinreichend zu begründen, wurde dadurch nicht beseitigt. Die neue Anklageschrift[4]), die Möller, nachdem[5]) ihm bei allerhöchster Ungnade und 2000 Dukaten Strafe die Beendigung des Prozesses in vier Wochen befohlen war, doch noch zu Stande brachte, zeichnet sich denn auch vor allem dadurch aus, dafs sie in keiner Weise auf Danckelmans Rechtfertigung vom Jahre 1698 Rücksicht nimmt, fast alles und jedes, was dort widerlegt — mag es auch noch so allgemein sein —, wieder vorbringt und, obwohl es jetzt 290 Artikel sind, im allgemeinen doch nicht den geringsten Fortschritt in Bezug auf Sorgfalt und Begründung gegen die frühere darstellt, wenn auch einige Punkte etwas detaillierter wiedergegeben, sehr wenige gestrichen, einige neue Quisquilien hinzugefügt sind. Nachdem dann wieder ein Jahr verstrichen war, während dessen Möller starb[6]) und Duhram an seine Stelle trat, wurde endlich angeordnet[7]), dafs auf Grund dieser Artikel mit dem Angeklagten ein neues Verhör anzustellen sei, dem der Hoffiskal beiwohnen sollte. Dem Verfahren sollte dadurch der Anschein eines Prozesses gegeben werden, wie denn auch Duhram von dem Verhör als der litis contestatio sprach, und Danckelman protestierte[8]) deshalb gegen die Anwesenheit des Fiskals mit Hinweis auf die

---

das, was vom 28. Sept. bis zum 1. Dez. 1700 geschah, angelegt hat, unterm 22. Nov.

[1]) Nach Lottums Worten zu dem kursächsischen Gesandten: qu'il n'en avait point osé faire ouverture, le Roy ayant declaré publiquement, qu'il croyait tous ceux malhonnets et infames qui luy parleroient en sa faveur. S. Droysen IV. 1 S. 293.

[2]) Bericht vom 28. Juni 1700, als Antwort auf ein zur Eile mahnendes Reskript vom 18. Juni.

[3]) Reskr. vom 12. Juli 1700, nachdem ihr Requisition von Dokumenten schon unterm 26. Nov. 1699 gestattet worden war.

[4]) (290) „Articuli, worüber der gewesene Oberpräsident Herr E. Chr. B. v. Danckelman zu vernehmen.“ Am 7. Dez. 1700 überreicht.

[5]) Reskr. vom 22. Okt. 1700.

[6]) Dohna meldet seinen Tod am 13. Okt. 1701.

[7]) Reskr. vom 12. Dez. 1701.

[8]) Bericht der Kommission vom 4. Jan. 1702 und Schreiben Danckelmans von dems. Tage.

ihm einst mitgeteilte Äufserung des Kurfürsten. Natürlich ohne jeden Erfolg. Mieg, Heugel und Luben erschienen mit Duhram in Peitz und inquirierten Danckelman vom 7. bis zum 13. Januar 1702[1]. Zu dem Protokoll sandte dieser später noch zwei Ergänzungsschriften ein[2]; aber noch bevor die zweite von ihnen einlief, wagte es Duhram, dem König einen Bericht über das wenig erspriefsliche Resultat des Peitzer Verhörs einzusenden[3]. Als darauf Friedrich einige neue Aussagen selbst zu Protokoll gab, auch des weiteren von einer ganzen Reihe auch ihm nicht mehr haltbar erscheinender Punkte ganz zu abstrahieren befahl, übrigens aber die Weisung gab, „auf dem Wege des Rechts“ fortzuschreiten[4], sandte der Wackere ein zweites längeres Memoire ein[5], in dem er an der Hand der Danckelmanschen Verantwortung für die ersten 52 von den 290 Artikeln die Unzulänglichkeit der bisher beigebrachten Anklagegründe nachwies und schliefslich eine Heranziehug sämtlicher Behörden zur Zusammentragung des Aktenmaterials als notwendige Vorbedingung eines weiteren Verfahrens, wenn anders man das wirklich beabsichtige, bezeichnete. Sehr freimütig spricht er sein Urteil über die Billigkeit des bisherigen Prozesses aus: es sei bei

---

[1] Das ausführliche Protokoll wurde übergeben am 21. Jan. 1702.

[2] Responsiones Additionales vom 27. März 1702, mehrere Aussagen des Königs und Ulteriores Additionales vom 20. April. (Sie mögen zu der irrtümlichen Annahme, das Verhör habe bis Mitte März gedauert (Droysen IV. 1 S. 122), Anlafs gegeben haben.)

[3] In der Begleitschrift bei Übersendung derjenigen Punkte, bei denen Danckelman sich auf den König beruft (bezeichnet als „Advocatus fisci frei eröffnetes Gewissen an S. M. vom 31. März 1702“ bei Droysen IV. 1 S. 294 Anm. 217.) Schon diese Eingabe ist sehr freimütig: „Was denn die Beschuldigungspunkte anlanget, so ist an dem dafs darüber der von Danckelman sich dergestalt wohl verantwortet, dafs ich ehe man in processu ferner fortfährt dieses als das Erste und Nötigste achte, dafs J. K. M. wohl untersuchen und examinieren lassen, ob auch die Sache so beschaffen, dafs man damit glücklich fortkommen und allenfalls den von Danckelman mit notdürftigem Beweis werde überführen können. Ich zwar unterstehe mich nicht in so wichtigem Werk darin es nicht auf Privatsachen, sondern mehr auf das Staatsinteresse ankommt einiges Urteil hören zu lassen; aber dieses habe ich pro conservanda gloria Juris et Justitiae in J. K. M. Landen unterthänigst und pflichtmäfsig erinnern sollen, dafs man möglichst verhüte, damit nicht in dieser Sache von männiglich so viel Jahre her bemerkt (ob gleich nur wenig Augen bekannt worden) magno Conatu dennoch ein Fehl geschehe“ heifst es darin.

[4] Das Reskr. vom 4. April 1702 übermittelt die „Declaratio Sacrae Regiae Majestatis auf diejenigen Antworten, darin Herr von Danckelman sich auf Sr. K. M. allerhöchste Person und allergnädigste Wissenschaft bezogen“, in zwei Stücken, deren eines Randbemerkungen zu den Artikeln der Danckelmanschen Verteidigung enthält. Das andere teilt die Mehrzahl der Entscheidungen über Streichung von Artikeln in der Niederschrift einer zweiten Hand mit.

[5] Der zitierte, bei Förster Urk. I. S. 8 ff. abgedruckte Bericht vom 16. Mai 1702 (dort mit Unrecht Brechtel zugeschrieben).

der nun in Aussicht stehenden Verlängerung des Verfahrens um so mehr zu beklagen, dafs man schon vor Jahren gegen Danckelman und seine Güter wie auf Grund[1]) einer richterlichen Entscheidung vorgegangen sei und nun erst an seine Überführung denke. Und weiter macht er kein Hehl daraus, wie er über die Möglichkeit einer solchen Überführung denkt: „Ich mufs aber dafür halten, dafs daran Mangel dürfte gespüret werden und dafs andere schon vor mir, aber umbsonst, darumb bemühet gewesen." Wenn sich in Duhrams Manualakten ein Seitenstück zu dem Bekenntnis, das Möller nur seinem Tagebuche vertraute, findet — auf einer Sammlung von Anklagematerial steht die Stelle aus Ovids Tristien „causa patrocinio non bona maior erit" — so vertrat er diese seine Meinung auch seinem Könige gegenüber; er schliefst seine Eingabe mit den Worten: „Ich habe diesen schlechten Zustand des Danckelmanschen Prozesses Ew. Königlichen Majestät getreulich eröffnen sollen, weil mein Herr der König ist wie ein Engel Gottes, dafs er Gutes und Böses hören kann" — denkwürdige Zeilen, die bezeugen, dafs männlicher Sinn auch vor den Zeiten des „Il y a des juges à Berlin" dem brandenburgisch-preufsischen Richtertum nicht immer gefehlt hat. Wie hoch steht der unerschrockene Mann über denen, die einst angeklagt hatten, und die nun vor einem unparteiischen Richter im Grunde selbst als die Schuldigen dastanden!

Doch auch in diesen Kreisen regten sich jetzt einige, die zur Besinnung gekommen sein mochten. Nachdem auf Duhrams Bericht der Bescheid[2]) erfolgt war, der König habe jetzt keine Zeit und werde ihn erst nach seiner Rückkehr nach Berlin prüfen, hat die Kommission, zu der jetzt auch der Wirkliche Geheime Rat Brandt getreten war, eine neue nun alle 290 Artikel umfassende Übersicht über den Stand der Sache zusammengestellt[3]). Vermutlich unter Beilegung dieser Zusammenfassung wurde dem Könige am 9. September 1702 eine Denkschrift[4]) der Kommission eingereicht, in der drei

---

[1]) Tanquam ex Instrumento Guarentigiato.

[2]) Vom 24. Mai 1702.

[3]) Es ist ein nicht unterzeichnetes, auch sonst von keiner Erläuterung begleitetes Aktenstück. Selbst wenn sich nicht in der Mitte einmal ein Datum — 5. Sept. 1702 — fände, würde man über die Entstehungszeit nicht im unklaren sein, da die Deklaration vom 4. April 1702 häufig als jüngsthin erfolgt erwähnt ist. Den Ursprung erweist neben dem Inhalt die auch in andern Ausführungen Duhrams wiederkehrende Schreiberhand zur Genüge. Das Resultat einer kommissarischen Verhandlung läfst der Zusatz „Actum" vor dem oben erwähnten Datum erkennen. Die Zusammenstellung ist als Beilage I. beigefügt, weil sie von allen allgemeinen Akten des Prozesses am kürzesten und übersichtlichsten sowohl Anklage, wie Verteidigung wiedergiebt und zugleich den Abschluss und das Endergebnis des Verfahrens darstellt.

[4]) Ihrem Inhalt nach wiedergegeben in Brandts Bericht vom 9. Februar 1704.

Wege als möglich für das weitere Verfahren hingestellt wurden: entweder sei der ordentliche Rechtsweg einzuschlagen, auf dem man sehr viel Zeit brauchen werde und dessen Beschreitung die Bereitstellung alles Materials für den Advocatus Fisci erfordere, oder es sei zu erwägen, ob die bisher abgebüfste Haft nicht hinreiche, zumal einige arcana domus[1]) mit ins Spiel kämen, die der König einem Richter schwerlich werde unterbreiten wollen; endlich könne die Entlassung aus der Gefangenschaft auch als Gnade verfügt werden.

Auf Anklage, Verteidigung und Untersuchung, wie sie nun abgeschlossen waren, unter Zusammenfassung aller Stadien des Verfahrens einzugehen, ist hier der Ort.

Inhalt und Ergebnis der Beschuldigungen.

Das Peitzer Protokoll, das die Vergehen Danckelmans in einer Einleitung und nicht weniger als sieben „Klassen" darstellt und dem hier gefolgt werden soll, wird in seinen Präliminarien durch Aufnahme jener Gerüchte über des Oberpräsidenten Missethaten unmittelbar nach seiner Entlassung, durch die man dem Kurfürsten erst die Verweisung aus Berlin, dann den Verhaftungsbefehl abgewonnen hatte, eröffnet; in der ersten Anklageschrift war noch die Behauptung hinzugefügt, der Kurfürst habe ihn schon ungnädig entlassen. Diese war durch Hinweis auf den Sachverhalt zu erledigen; jenen konnte der Angeklagte nur eine Erzählung von den Vorgängen der letzten Tage seines Berliner Aufenthaltes entgegenhalten: wie er sofort mit zwei kurfürstlichen Sekretären an die Sonderung seiner Papiere gegangen, wie er nach vorgängiger Anfrage bei Barfufs die auf die Zeit von 1683—88 bezüglichen Briefschaften und Unwichtiges verbrannt, wie er dann, in seiner Arbeit jäh unterbrochen, nach Neustadt habe aufbrechen müssen. Er habe zuvor, wie es seine Pflicht gewesen — aber man hatte auch das als Ueberschreitung der ihm erteilten Weisung, seinen amtlichen Verkehr abzubrechen, gedeutet — den fremden Gesandten von seiner Entlassung Mitteilung gemacht, ebenso wie der clevischen Regierung; wenigstens von der letzteren Benachrichtigung vermochte er durch Vorlegung des Konzeptes[2]) unwiderleglich zu erweisen, wie weit er von jeder ungeziemenden Äufserung über seinen Herrn, wie man sie ihm vorgeworfen, entfernt gewesen. Zu einer Kundmachung von

---

[1]) Gemeint ist wohl der einst von Friedrich selbst vorgebrachte Punkt über die Erregung von Zwistigkeiten zwischen ihm und seiner Gemahlin.

[2]) Es enthält etwas derartiges ebenso wenig wie das Reskript an

Staatsgeheimnissen, deren Unterlassung man ihm zur Schuld rechnete, sei er überhaupt nie aufgefordert. Die Kommission sprach ihr Urteil über diese ersten 24 Punkte denn auch dahin aus, dafs man nicht absehen könne, wie sie erweislich zu machen seien.

Dafs es den ohne auch nur den Versuch der speziellen Begründung aufgestellten Behauptungen der ersten zwölf Positionen der ersten Klasse, die sich mit Danckelmans „Hochmut und Anmafsung" im Allgemeinen beschäftigten, an jeder juristischen Handhabe gebrach, entging ihr ebenso wenig. Aber Artikel so allgemeinen ungreifbaren Inhalts, wie diese, waren es gerade, die den unglücklichen Mann am meisten quälten: immer und immer kehrt wie ein Notschrei in seinen Verteidigungsschriften der Protest gegen sie wieder, die in ihrer vagen Allgemeinheit weder durch ebenso generelle Ableugnungen, noch durch besondere Belege — denn Einzelheiten eben brachte man klüglich nicht vor — befriedigend widerlegt werden konnten.

Den ersten von ihnen, dafs Danckelman sich zuviel Gewalt angemafst und „alle Affairen" [1]) an sich gezogen habe, hatte Friedrich zu streichen befohlen; aber im Grunde richtete sich die nächste Anklage nicht weniger als diese gegen ihn selbst: dafs der Angeklagte die Kontrasignatur an sich gerissen. Wenn man des weiteren auf Widersprüche, die trotz seiner Gegenzeichnung vorgekommen seien, hinwies, so mochte er sich durch den Hinweis auf die Menge der ergangenen Verordnungen entschuldigen; der Nachweis irgend welches dadurch entstandenen Schadens war nicht erbracht, wie die Kommission bemerkte. Mit Recht empört wandte sich Danckelman gegen die Beschuldigung, die man ihm „invidiose" imputiere, er habe die Unterschrift nachlässig gehandhabt, ja er habe — welch' Verbrechen! — sich sogar die Stücke übereinander gelegt und sie dann mechanisch unterzeichnet. Einem Manne, der nach dem Zeugnis seiner Sekretäre Cunow [2]) und Bergius [3]) vom frühen Morgen bis spät abends beschäftigt war, dem Tausende von Akten durch die Hände gingen, meinte man mit so kleinlichen Vorwürfen sträfliche Versäumnis seiner Amtspflichten nachzuweisen. Danckelman konnte sich auch solcher Nadelstiche erwehren; derselbe Cunow bekräftigte seine Entgegnung, dafs er zwar gleichförmige Edikte hinter-

---

die auswärtigen kurfürstlichen Minister vom 26. Nov. 1697 oder das von Danckelman verfafste Billet an den niederländischen Vertreter (mitgeteilt bei Ranke XXIV. S. 77, wo irrtümlich der 13. Dez. als Datum angegeben ist. Nach dem Inhalt selbst wurde es am 24. Nov./4. Dez. geschrieben.)

[1]) Damit waren insbesondere die auswärtigen Angelegenheiten gemeint. Vergl. darüber oben S. 28.

[2]) Aussage vom 17. Januar 1700.

[3]) Aussage vom 16. Jan. 1700.

einander unterzeichnet, sie aber später durchgesehen und nur, wenn er krank gewesen, es beim Vorlesen habe bewenden lassen. Ebenso bestätigte Bergius — gegen des Kurfürsten eigene Angabe[1]) —, dafs der Oberpräsident nie Geheimerats-Beschlüsse eigenmächtig zurückbehalten habe; Danckelman selbst stellte es wenigstens von denen, die in Gegenwart des Kurfürsten gefafst waren, in Abrede[2]).

Den sehr heiklen Punkt der Einmischung des Angeklagten in die „domestiquen Affairen" liefs die Kommission mit Rücksicht darauf, dafs er zu richterlicher Verhandlung ungeeignet sei, fallen.

Die Sache, die ihm einst die Feindschaft der Kurfürstin nicht am wenigsten zugezogen hatte, die Erziehung des Kurprinzen, war ebenfalls zum Anklageobjekt gemacht worden; aber Danckelmans Verteidigung[3]) in dieser Beziehung war neuerdings von dem Könige selbst als ausreichend angesehen und der Artikel gestrichen worden.

---

[1]) S. o. S. 42 Anm. 2.

[2]) Auch Fuchs (Aussage vom 19. Jan. 1700), darüber befragt, erinnert sich an nichts Spezielles.

[3]) Es war ihm einerseits die Verwendung seines Sohnes im kurprinzlichen Dienste, andererseits die Anstellung des der Kurfürstin vor allem mifsliebig gewordenen Cramer vorgeworfen. In Bezug auf jenen erinnert Danckelman daran, dafs der Kurfürst sowohl wie seine Gemahlin anfangs die Erziehung des Prinzen ganz und gar an ihn und die Seinigen hätten übertragen wollen und nur durch seine Bitten davon abgebracht worden seien, ferner dafs er selbst seinen Sohn viel lieber „ad negotia" geschickt hätte, als zu solcher Hofhaltung, endlich dafs dieser als Kammerjunker des Kurprinzen den Kurfürsten so vergnügt habe, dafs ihm höhere Funktion und Charakter, auch andere considerable Vorteile mit Heiraten und Posten zugedacht worden seien, die aber er, der Vater, depreciert habe. — Cramer aber sei zwar gleich anfangs von anderen zum Instruktor vorgeschlagen, hätte aber von ihm als sein früherer Domestike nicht empfohlen werden können. Dann ist, nach seiner Aussage, zu deren Bestärkung er sich auf alle Geheimen Räte, insbesondere auf Fuchs und Spanheim, beruft, erst Monate lang vergeblich gesucht worden, ehe Cramer von ihm dem Oberhofmeister Grafen Dohna zugeschickt wurde. Um den Unterricht habe er sich zuerst gar nicht bekümmert, bis ihm von den „schädlichsten und den Studien hinderlichsten Demarchen" Meldung gemacht worden sei: Graf Dohna, der im Vertrauen der Kurfürstin stand, hatte angeordnet, dafs stets ein Kammerjunker den Lektionen beiwohnen solle. Nicht er, sondern die mit Untersuchung der Angelegenheit beauftragten Geheimen Räte Fuchs und Spanheim hätten die Abstellung dieser Hindernisse beim Kurfürsten durchgesetzt. Den Zweifeln gegenüber, die man in des Informators Religiosität gesetzt hatte, wies Danckelman darauf hin, dafs Cramer von reformierten Voreltern stamme, sich nach ihm zugegangenen Mitteilungen schon eine Zeit lang zu den Reformierten gehalten habe und ein Jahr vor seiner Anstellung zu diesem Bekenntnis übergetreten sei. Danckelman schliefst seine Verteidigung mit der Angabe, er habe sich in Cramers Entlassung gefügt, weil er gesehen, wie nachteilig ihm der Umstand, dafs dieser früher in seinem Hause gewesen, ausgelegt worden sei. Vgl. Bresslau S. 18 ff., der den zum Teil abweichenden Angaben Fuchs' und anderer gefolgt ist.

Auch einen anderen von ihm erhobenen Vorwurf — der Oberpräsident habe die übrigen Minister bei ihm in Mifskredit gebracht — schwächte Friedrich in seiner letzten Deklaration zu dem an sich kaum tadelnden Satze ab, dafs Danckelman „nur gesaget, dafs Einige ihre Chargen nicht verständen und nicht fleifsig wären."

Aber man hatte andere, handgreiflichere Beweise von der Bosheit und Überhebung des Angeklagten: als corpus delicti waren zwei Gelegenheitsgedichte Bessers hervorgezogen. Das eine „der Scheerenschleifer bei der Wirtschaft zu Cölln an der Spree"[1]) hatte Danckelman einst im Jahre 1690 bei einem Hoffeste vorgetragen, „per sortem" dazu erwählt; es enthält in des poetischen Zeremonienmeisters schlechten Versen teils harmlose, teils dem Geschmacke der Zeit entsprechend etwas zweideutige, immer aber in den Grenzen persönlicher Neckerei bleibende Anspielungen auf die Mitglieder der Hofgesellschaft und ihre Beziehungen zu einander — es war ein Maskenscherz, in dem überhaupt Anklagestoff gesehen zu haben, selbst von den Autoren der Anklageschrift unbegreiflich erscheint[2]). Das andere Machwerk, einen Hymnus auf Danckelman zur Feier seiner Ernennung zum Oberpräsidenten[3]), sollte er selbst bei Besser bestellt haben. In der That aber — das ergab sich aus den übereinstimmenden Aussagen beider[4]) — hatte es der Hofpoet auf Veranlassung Carpzows und anderer Leipziger Freunde gedichtet, ohne Danckelman oder einem anderen etwas davon mitzuteilen. Dieser hatte sogar die Druckerlaubnis verweigert, der Kurfürst selbst hatte sie trotz seiner Vorstellungen erteilt. Zum Überflufs konnte ein Brief des Oberpräsidenten an Besser vorgelegt werden, in dem er ihm höflich dankte, die Lobsprüche aber ablehnte. Bemerkenswert ist es, dafs hier die Zeugnisse beider

---

[1]) Bessers Schriften II. 759, von da auch bei Ledebur, Friedrich I. Bd. I. S. 198 abgedruckt.

[2]) Duhram in seinem Bericht v. 16. Mai 1702 sagt: Von diesen Poetereyen gründlicher zu urteilen, so wird vermutlich mit E. K. M. allergn. Zufriedenheit geschehen, dafs man den Scheerenschleifer gänzlich abweise.

[3]) „An Se. Exc. den Herrn Eberh. von Danckelman. Ueber die Ihr aufgetragene Ober-Präsidentenstelle, so Sie nicht annehmen wollen." Um dieses in Leipzig erschienene kürzere Gedicht (abgedruckt bei Cosmar und Klaproth S. 376) handelt es sich, nicht, wie Droysen annimmt (S. 273 f. Anm. 11, S. 292 Anm. 206), um ein längeres. Denn dieses — betitelt „Sr. Ch. D. zu Brandenburg Friedrichs des Dritten geheimtester Staatsminister etc.", dasselbe, das Küster (Biblioth. Brandenburgica p. 715) für Benjamin Neukirch reklamiert hat, war schon 1694 erschienen, das inkriminierte aber erst durch die Erhebung Danckelmans hervorgerufen (s. Duhrams Ber. bei Förster S. 24), wie es denn auch in einem Berliner Nachdruck (Cölln a. d. Spree. Druckts Ulr. Liebpert, Churf. Hofbuchdrucker 1695) bei den Akten liegt.

[4]) Bessers Aussage vom Jan. 1700.

Beteiligten im Widerspruch zu einer früheren Angabe[1]) des Kurfürsten stehen, der, doch nur auf sein Gedächtnis gestützt, zu der Danckelmanschen Darstellung am Rande „ist noch weniger wahr“ bemerkt hatte[2]).

Es konnte nicht fehlen, dafs man auch so nichtige Dinge, wie die unhöfliche Behandlung von „zween der vornehmsten Ministrorum“, das Rencontre beim Gottesdienste in Königsberg[3]), oder die mehrfache Abweisung von Briefen und Besuchen Alexander Dohnas in die Anklage aufnahm. In Bezug auf die letztere bemerkte der Kommissionsbericht — für den Leser nicht ohne ironischen Beigeschmack, wenn auch sicher ganz wider die Absicht des ehrsamen Duhram — „den Herrn Grafen von Dohna anlangend, so würde Fiscus erweisen müssen, dafs der Herr Graf in Königlichen Affairen den von Danckelman sprechen wollen — nur Etikettenbesuche abgelehnt zu haben, gestand nämlich dieser zu[4]) — welchen Beweis der Herr Graf würde suppeditieren müssen.“

Auch zwei auswärtige Minister glaubte man noch nachträglich gegen des Oberpräsidenten brüskes Betragen in Schutz nehmen zu müssen. Einmal hatte er — aus guten Gründen[5]) — den schwedischen Sekretär hart angelassen, und aufserdem hatte er, als der kaiserliche Gesandte, Graf Waldstein, nach Berlin gekommen, eigentlich so recht im Sinne seines Herrn und unter dessen[6]) und des Geheimen Rates Zustimmung versucht, gleich den königlichen Ministern von ihm die Ehre des ersten Besuches zu erlangen. Als dies dann auf Widerstand gestofsen, man auch gefunden, dafs der ältere Schwerin dergleichen nicht erreicht hatte, war Danckelman selbst derjenige, der die übrigen Geheimen Räte um einen den alten

---

[1]) Sie steht in einem undatierten, aus der früheren Zeit des Prozesses stammenden Aktenstück „Hof-Fiscali Anfrage mit Deklaration des Kurfürsten in margine“.

[2]) Nach welchem Prinzip gerade diese bei den poetischen Verherrlichungen Danckelmans als diesen belastend ausgewählt worden sind, ist nicht ersichtlich; aufser dem erwähnten gröfseren Machwerk Bessers findet sich auf der Berliner Bibliothek auch noch die Strena votiva des Gregorius Gemini in lateinischen Distichen. Auch ein prosaisches Votum propempticum . . . oblatum ab Ejus Cliente J. S. W. 1696 gehört hierher.

[3]) S. o. S. 33.

[4]) Mich hat er immer zugelassen, heifst es auch in Fuchs' Aussage.

[5]) Schweden hatte der Gemahlin des brandenburgischen Vertreters in Stockholm, der Gräfin Dohna, einer geborenen Schwedin, gegenüber das Prinzip der Exterritorialität verletzt.

[6]) Die Bemerkung zur Anfrage des Fiskals: „Solches hat er mir auf solche Art wissen fürzustellen, dafs ich es konsentiren müssen“, gesteht das wenn auch widerwillig zu. Am 31. Jan. 1696 war die Sache zuerst im Geheimen Rate behandelt und ein dahin gehender Beschlufs gefafst worden. Als Waldstein jegliches Zugeständnis verweigerte, wurde am 7. Febr. von Fuchs namentlich — Danckelman war abwesend — auf bedingtes Nachgeben gedrungen; aber „der Kurfürst wollte das durchaus nicht“.

rückgängig machenden Beschlufs bat[1]). Für beide Punkte fordert denn auch die Kommission, falls sie noch weiter urgiert werden sollten, weitere Beweismittel.

Die zweite Gruppe der Beschuldigungen bilden die Anklagen gegen die sträfliche Begünstigung, die der Minister seiner Familie und seinen Kreaturen habe zu teil werden lassen. Bezüglich seiner Brüder, die ja allerdings sämtlich in hohe Stellungen gelangt waren, hat Danckelman zunächst in ganz richtiger Taktik daran erinnert, dafs sie alle schon vom Grofsen Kurfürsten in brandenburgische Dienste berufen worden waren[2]), dafs nur zwei von ihnen unter Friedrich III. wesentlich befördert wurden — Sylvester Jakob und Daniel Ludolf. Eben dieses Ernennung zum Generalkriegskommissar aber — jener, der Kammergerichtspräsident, war schon zwei Jahre zuvor gestorben — machte man auf des zurückgesetzten Barfufs Betrieb Danckelman zum heftigsten Vorwurf. Der Generalfeldmarschall sagte aus[3]), nach Grumbkows Tode habe der Kurfürst ihm das Amt versprochen; später habe ihm Danckelman mitgeteilt, er solle die Expeditionen im Felde haben, Daniel Ludolph aber das Übrige, und als er habe protestieren wollen, habe jener das Zimmer verlassen. Wenn er dann noch hinzufügt, auch später habe er keine Gelegenheit finden können, jenes Versprechen Danckelman mitzuteilen, absichtlich habe dieser sich jedem Zusammensein mit ihm entzogen, so klingt das wenig wahrscheinlich und enthält jedenfalls das Zugeständnis, dafs er thatsächlich Danckelman nicht von der Abmachung unterrichtet hat. Dies aber war es,

---

[1]) So nach seinen und den im wesentlichen übereinstimmenden Aussagen von Fuchs und Besser. Das Protokoll der entscheidenden Sitzung lag mir nicht vor, nur das der nächstfolgenden vom 14. Febr., in der Danckelman mitteilte, er habe dem Grafen seinen Besuch gemacht, aber unter Verwahrung für spätere Fälle. — Die Quisquilien dieses Ceremonialstreites sind doch nicht ohne besondere Bedeutung: durch nichts mehr, als durch solche formelle Zurücksetzungen, wurde in Friedrich III. der Wunsch nach Erlangung der Königswürde genährt. (S. die Äufserung Danckelmans in dem Ber. vom 8. Dez. 1700 bei Přibram 1688—1700 S. 124 Anm. 1.)

[2]) Thomas Ernst wurde 1664 zur Ordnung des Mindener Archivs berufen, 1668 zum Regierungsrat befördert. Als er nach seines Vaters Tode (1680) vom Prinzen von Oranien an dessen Stelle zum Landrichter in Lingen ernannt werden sollte, wurde ihm die Demission nicht gewährt. Daniel Ludolph wurde 1672 dem Prinzen Ludwig beigegeben, 1675 Regierungsrat in Halberstadt, 1681 kurfürstlicher Rat. Sylvester Jakob wurde 1674 kurfürstlicher Rat und Assessor zu Speier, Johannes 1683 kurfürstlicher Rat und Resident beim westfälischen Kreise; schon damals ist ihm die Marine-Direktorstelle angeboten, aber von ihm abgelehnt und erst später angenommen worden. Wilhelm Heinrich wurde vor 1688 Regierungsrat zu Minden, Nikolaus Bartholomäus 1686 sofort zum Residenten in Wien bestellt. Auch der Vater Sylvester Danckelman ist 1664 zum kurfürstlichen Rat ernannt worden. (Vorbericht Anlage A.)

[3]) Actum Berlin den 5. Dez. 1698.

worauf der Angeklagte sich vor allem stützte: nach seiner Angabe hatten ihm weder der Kurfürst noch Barfuſs von einem Versprechen gesagt, und da er der Ansicht gewesen, dieser sei im Felde besser zu verwenden, hatte er seinen im Kommissariat schon mit Erfolg thätigen Brüder vorgeschlagen; und wenn der Kurfürst selbst behauptete, Danckelman habe ihm gesagt, der General wünsche das Amt nicht für sich[1]), so erwiderte er, er erinnere sich dieser Unterredung nicht, glaube es aber nicht. Auch wenn Danckelman sich so ausgesprochen, hätte man ihm keine Illoyalität vorwerfen können; denn daſs Barfuſs ihm eine Mitteilung entgegengesetzten Sinnes gemacht habe, wurde nicht einmal von diesem selbst behauptet. So verzichtete denn auch die zweite Erklärung Friedrichs auf eine weitere Aufrechterhaltung dieser Anklage, denn allein gegen einen angeblichen Vertrauensbruch Danckelmans hatte sich diese gerichtet; die Beförderung seines tüchtigen Bruders, den man eben (Anfang 1702) wieder in seine Stelle zurückgerufen hatte, an sich hatte man doch nicht anzugreifen gewagt. Daſs für ein Amt, das nunmehr neben der Kriegs- auch die volle Hälfte der Finanzverwaltung umfaſste, ein in diesen Geschäften bis zur höchsten Staffel emporgekommener[2]) Beamter geeigneter war als ein Militär, dessen geistige Beschränktheit ebenso bekannt war, wie seine Tapferkeit, mochte doch einleuchten.

Die Mehrzahl der übrigen Anklagen dieser Kategorie geht nicht über ganz allgemeine Anschuldigungen hinaus. Zu den Behauptungen dieser Art — daſs Danckelman mit Umgehung anderer Minister die wichtigsten Angelegenheiten allein mit seinen Brüdern verhandelt[3]), daſs er fremde,

---

[1]) Auf des Fiskals Anfrage, ob Danckelman 1690 dagegen wirklich remonstrierte, daſs Daniel Ludolph 1690 Geheimer Rat werden sollte, antwortete der Kurfürst mit Umgehung der eigentlichen Frage: „Warum Danckelman nicht hat zugeben wollen, daſs Barfuſs nach Absterben Grumbkows Generalkommissar werden sollte, sondern mir selber gesagt, daſs Barfuſs es nicht verlangte und nur seinen Bruder weil er schon darin versieret fürgeschlagen."

[2]) 1688 war er zum Direktor des Generalkriegskommissariats ernannt. S. Isaacsohn II. S. 267.

[3]) Viel stärker, als es in dem Resumé der Kommission hervortritt, ist ihm die Ernennung von dreien seiner Brüder zu Mitgliedern des Geheimen Rats vorgeworfen worden. Er erinnerte dem gegenüber daran, daſs er aufs äuſserste gegen Daniel Ludolfs Aufnahme protestiert habe, eine Angabe, der der Kurfürst nicht widersprochen hat, deren Widerlegung er vielmehr in auffälliger Weise (s. o. Anm. 1) ausgewichen ist. Der Kammergerichtspräsident aber sei nur dignitatis gratia aufgenommen, und ihm sei Nicolaus Bartholomäus nicht — wie der Extractus boshaft sagt — surrogiert, sondern anderthalb Jahre nach dessen Tode (die beiden Daten sind der 5. Aug. 1695 und der 15. Febr. 1697, s. Cosmar und Klaproth S. 384 und 387) habe man ihn, um ihm für die Mission nach dem Haag einen höheren Rang zu verleihen, zum Wirklichen Geheimen Rat erhoben, wie er denn gar nicht im

schlechte, ungetreue und unerfahrene Leute den ehrlichen und erfahrenen vorgezogen und ihnen „mit Gefahr“ Staatsgeheimnisse anvertraut[1]), dafs er heimliche Bestallungen habe ausfertigen lassen[2]) — zu ihnen hat die Kommission immer nur trocken bemerkt „allhier fehlet es an nötigem Beweis“. Die Position, dafs seine Brüder zu verschiedenen diplomatischen Missionen verwandt worden seien, enthielt, wenn man nicht ihre Anstellung überhaupt angriff, eigentlich keinen Tadel; die Natur ihrer Ämter hatte es, wie die Verantwortung mit Recht hervorhob, so mit sich gebracht. Nur zwei auf bestimmte Vorgänge sich gründende Anklagen finden sich hier noch.

Einmal machte man einige dem jüngeren Danckelman zu teil gewordene Beförderungen dem Vater zum Vorwurf. Dieser gestand die Ernennung des Sohnes zum Kammergerichtsrat gern zu; hinsichtlich der zum Kammerjunker konnte er sich auf den ausgesprochenen Wunsch des Herrscherpaares[3]) berufen. Die Aufnahme in den Johanniterorden war — er konnte es glücklicherweise durch Vorlegung eines Briefes[4]) an das Capitel beweisen — gegen seinen Wunsch geschehen, und wenn man die Verleihung einer Reichshofratsstelle an den Sohn, die man noch aufserdem als Indiz der Bestechung des Vaters durch den kaiserlichen Hof verwertete, auch hier vorbrachte, so erinnerte Danckelman daran, dafs dies mit geringem Gehalt ausgestattete Amt wenig „profitabel“[5]), und auch zuvor schon von anderen[6]) abgelehnt sei. Die Kommission machte zudem den allgemeinen Einwand geltend, dafs alle diese Dinge, auch wenn sie erwiesen, schwerlich gravieren könnten, so lange, was nicht abzusehen sei, nicht ein Dolus bewiesen, da man doch auch den „affectus paternus“ berücksichtigen

---

Kollegium gesessen habe. Gegenüber dem im Munde eines absoluten Herrschers seltsam klingenden Hinweis des Kurfürsten (s. o. S. 42 Anm. 2) auf des Grofsen Kurfürsten Warnung, mehrere Brüder in eine Behörde zu berufen, mahnte ihn Danckelman daran, dafs er ihn selbst einmal darüber mit den Worten beruhigt habe, dafs in einem Kolleg, dem er, der Kurfürst selbst, präsidiere, ganz wohl drei Brüder sitzen könnten. Überhaupt aber, versicherte er — nach allem, was wir von seinem Charakter wissen, nicht unglaubwürdig — habe es zwischen ihm und seinen Brüdern eher Kollision als Kollusion gegeben; er habe sie immer als „wildfrembd“ behandelt.

[1]) Man meinte wohl du Cros, der aber an dieser Stelle nicht genannt wurde.

[2]) In der weiteren Spezifizierung reduzierte sich das auf eine Auszahlung von 4000 Thlrn. an einen Ingenieur Taylor, an die sich Danckelman nicht mehr genau erinnerte, die aber, wie er vermutete, auf einer aus der Zeit vor 1688 herstammenden Forderung des Mannes beruhte.

[3]) S. o. S. 51 Anm. 3.

[4]) Schon Fuchs (Aussage Punkt 7) hatte sich an diesen erinnert.

[5]) S. auch Droysen IV. 1 S. 101.

[6]) Herr von Blaspeil ist angeführt.

müsse — eine an sich streng rechtliche, aber in dieser Umgebung von Bosheit und Verleumdung dem Leser fast gutmütig-naiv erscheinende Auffassung.

In der zweiten speziell begründeten Angelegenheit handelte es sich um einen Akt der Verwaltung des Oberpräsidenten, den die Anklage als einen Mifsbrauch seiner Amtsbefugnisse zu Gunsten Wilhelm Heinrichs von Danckelman, des Kanzlers an der Regierung zu Minden, hinstellte. Man hatte 1697 von einer in der Mindener Münze vorgekommenen Malversation Kenntnis erhalten[1]). Ohne vorgängige Mitteilung an einen anderen waren auf Danckelmans Vortrag beim Kurfürsten der Fiskal Duhram und ein Münzsekretär nach Minden zur Untersuchung geschickt. Erst nach der Verhaftung des beschuldigten Münzmeisters wurde dem eben in besonderer Mission in Hamburg befindlichen Kanzler von dem Falle Mitteilung gemacht, sein Bericht gefordert. Die Relation (vom 18. September) traf in Berlin an einem Tage ein, an dem der Kurfürst abwesend war; ihre Erwiderung aber war dringlich, da der Kanzler sich mit der Untersuchungskommission in Verbindung setzen sollte und der schon mit laufenden Geschäften überladene Duhram um schleunigste Erledigung dieses aufserordentlichen Falles besonders gebeten hatte. Der Oberpräsident setzte deshalb, wie es ihm nach seiner Angabe in dringenden Angelegenheiten gestattet war, unter die von ihm verfafste Antwort die Formel „auf allergnädigsten Befehl“ und nach Kurialstil auch den augenblicklichen Aufenthaltsort des Kurfürsten, ohne sie ihm, was zuviel Zeit gekostet hätte, zur Genehmigung zuzusenden. In dem Reskript aber (vom 20. September) versicherte er, um den, wie natürlich, lebhaft besorgten Bruder zu beruhigen, diesen in den üblichen allgemeinen Ausdrücken der Gnade des Herrschers und bewilligte ihm auch — „um ihn zum Eifer in der Untersuchung noch mehr zu disponieren“ — in dessen Namen von früher her rückständige Reisekosten, wegen deren Nichterstattung er schon häufig geklagt, und die Friedrich ihm auch zuvor schon zugebilligt hatte. Sobald dann der Kurfürst zurückgekehrt war, hielt ihm Danckelman Vortrag und erwähnte darin auch — wie er sich zu erinnern glaubte — des Erlasses, legte jedenfalls den Schriftwechsel der Kommission vor, die auf seinen Betrieb eingesetzt wurde und an der er selbst seinem Wunsche gemäfs nicht teilnahm. — Nun wurde behauptet, dafs Danckelman durch jene Gnadenversicherung seinem Bruder, der später vollends in die Untersuchung verwickelt wurde, ohne dafs sich jedoch seine Schuld hätte erweisen

[1]) So nach dem besondern Bericht Danckelmans über diese Sache vom 24. Okt. 1700.

lassen[1]), eine vorläufige Abolition hätte verschaffen wollen. Die Verantwortung leugnet das nicht nur mit Hinweis auf den ganz allgemein gehaltenen Wortlaut des Erlasses, sondern macht auch mit Recht darauf aufmerksam, dafs eine solche Absicht gerade durch eine Herbeiführung der Unterschrift des Kurfürsten viel besser hätte erreicht werden können, und dafs sein unparteiliches Auftreten in der Sache zur Genüge dadurch erwiesen sei, dafs er die Untersuchung eingeleitet, dafs er sie auch seinem Bruder geheim gehalten und dafs er sich dann, als es zur Beurteilung kam, völlig zurückzog.

Wenn man sich der nächsten, die auswärtige Politik umfassenden Gruppe, auf die ausführlich einzugehen hier zwar nicht der Ort ist, deren Inhalt aber doch kurz angegeben werden soll, zuwendet, so ist man trotz allem Vorangegangenen doch erstaunt, an der Spitze einer Kritik von Mafsnahmen, durch die ein grofser Staat in gefahrvoller Zeit geleitet worden war, eine Klage darüber zu finden, dafs bei der Augsburger Krönung die Ankleidung des Römischen Königs von den brandenburgischen Gesandten nicht ohne Fehler vollzogen sei. Danckelmans Schuld sollte dabei darin liegen, dafs auf seinen Betrieb nur Nikolaus Bartholomäus Danckelman, der Vertreter Brandenburgs in Wien, und Sylvester Jakob, der Kammergerichtspräsident, nicht aber ein distinguierterer, als Krönungsgesandte nach Augsburg geschickt seien. Dieser Mangel hatte sich allerdings insofern geltend gemacht, als bei dem Bekleidungsakte das Erzkämmereramt nicht versehen werden konnte[2]); von anderen Fehlern, wie sie bei den Kapitulationsverhandlungen geschehen sein sollten, war dem Angeklagten ebenso wenig etwas bekannt, wie heute von ihnen etwas ersichtlich ist[3]). Die Kommission fand in den Akten nicht, ob ihm — entgegen seiner Versicherung[4]), dafs er andere vorgeschlagen — für die Auswahl der Gesandten die „Schuld“ beizumessen sei.

Von ähnlicher Nichtigkeit war der Vorwurf, der Minister sei in einer Zeremoniellfrage dem Herzog von Savoyen gegenüber zu nachgiebig gewesen[5]); dagegen gingen zwei andere wenigstens der Rede werte Beschuldigungen von einer der

---

[1]) Das Verfahren gegen ihn mufste niedergeschlagen werden. S. Isaacsohn II. S. 286.

[2]) Dafür hatte, wie Danckelman in seiner von der Prachtliebe seines Herrn so ganz abweichenden Art hervorhebt, die Gesandtschaft nur 12 000 Thlr. gekostet, „welches bei damaligen geldklemmenden Zeiten wohl zu Statten kam“.

[3]) Die erschöpfende Darstellung von Přibram (1688—1700 S. 54 f.) wenigstens teilt davon nichts mit.

[4]) Der auch die Aussage des Kurfürsten, Danckelman habe ihm gesagt, Schwerin habe abgelehnt, nicht widerspricht.

[5]) S. Beilage I. Art. 117.

Danckelmans durchaus entgegengesetzten politischen Anschauung aus — die eine rügte sein scharfes Vorgehen in der Mecklenburgischen Successionsfrage [1]), die andere die langsame Erledigung der Belehnung durch den Kaiser. Jenes war geschehen, um einem ganz willkürlichen Eingriff der Hofburg in die Rechte der Kreisdirektoren entgegenzutreten; die Nachsuchung der Belehnung aber hatte noch niemand als eine für das brandenburgische Interesse dringliche Angelegenheit angesehen, im Gegenteil hatte sie die kurfürstliche Regierung eben nach jenem Güstrower Zwischenfall in Wien zur Begütigung angeboten [2]) — freilich vergebens. Es gab ja Strömungen genug in Berlin, denen ein so schroffes Betonen der brandenburgischen Selbstständigkeit wenig genehm war, es als strafwürdig zu bezeichnen hiefs den Traditionen dieses Staates ins Gesicht schlagen. Die Kommission beschied sich in diesen Dingen, um Erteilung von „Licht" zu bitten.

Von dem auf Befehl des Königs neuerdings fallen gelassenen, den bairischen Vertrag betreffenden Punkte und der wenig erheblichen lauenburgisch-anhaltischen Angelegenheit [3]) abgesehen, enthält diese Kategorie nur noch eine Anschuldigung; sie aber leitet schon zu den später überwiegenden ehrenrührigen Anklagen hinüber: man insinuierte, Danckelman habe vom Herzog von Schwerin 1500 Dukaten, eine Anwartschaft auf ein Lehen im Werte von 20000 Thalern erhalten und ausserdem noch eine Verschreibung der Komthurei Nemerow für seinen Sohn verlangt, als Preis für die Beeinflussung der brandenburgischen Politik zu Gunsten Mecklenburgs [4]). In der ersten Sache war in der That der Schein gegen den Angeklagten [5]). Nach Art der Zeit hatte ihm der Herzog erst

---

1) S. Droysen IV. 1 S. 108 ff.

2) S. Droysen IV. 1 S. 110. Danckelman führte an, dafs Johann Georg III. von Sachsen sich erst 9 Jahre nach seines Vaters Tode hatte belehnen lassen. In diesem Falle waren Rangstreitigkeiten, später der Tod des schon designierten Grafen Dönhof hindernd dazwischen getreten, was freilich die Ankläger nicht hinderte zu behaupten, Danckelman habe die Angelegenheit nur deshalb verzögert, damit sein Bruder als legatus primarius dabei fungieren könne.

3) S. Beil I. Art. 142. — Der Art. 146 betrifft eine überhaupt nicht in die Anklage gehörige Angelegenheit; die — wie hier behauptet, von Danckelman geleugnet wird — durch seine Fahrlässigkeit verloren gegangenen Juwelen hatte er sich sogleich erboten zu ersetzen.

4) S. die bei Bresslau, Aktenstücke zur Geschichte Jos. Aug. du Cros S. 22 ff. gegebenen Auszüge aus den Gutachten, dem Spandauer und dem Peitzer Protokoll und dem Vorbericht über diese Angelegenheit.

5) Auch diese Prämisse, für die das Peitzer Protokoll höchst umständliche Deduktionen giebt, ist wenig erwiesen: denn einmal wirft man Danckelman vor, er habe Mecklenburg-Schwerin in der Güstrower Erbfolgesache zu viel versprochen; sodann behauptet man, er sei mit den

durch den Unterhändler du Cros, dann durch seinen Rat Taddel jene Summe anbieten lassen; der Minister hatte sie beide Male zurückgewiesen, zuletzt unter Bezeigung seiner höchsten Entrüstung. Jener du Cros aber, ein Abenteuerer, der seine diplomatischen Künste jedem, der sie bezahlen wollte, zur Verfügung stellte[1]) und der eben jetzt wieder aus holsteinischen Diensten entlassen war, weil er zugleich brandenburgische Interessen wahrgenommen hatte[2]), klagte ihm seine Not so lange, bis Danckelman versprach, ihm zu den 1500 Dukaten zu verhelfen, ja er wufste den Oberpräsidenten durch die Vorstellung, dafs er auf andere Weise nicht zu ihnen kommen könne, dazu zu überreden, selbst eine Quittung darüber zu unterzeichnen. Sobald diesem indessen etwas von den üblen Gerüchten, die sich bald daran knüpften, zu Ohren gekommen, hatte er du Cros aufgefordert, die Summe, von der er selbst keinen Heller erhalten, zurückzuerstatten. So lautete seine Aussage, die zu beschwören er sich erbot[3]). Für die beiden anderen Beschuldigungen war dagegen gar kein Beweis beigebracht, wie auch die Kommission bemerkte: von der angeblichen Lehnsversprechung wufste Danckelman überhaupt nichts; die Komthureien Mirow und Nemerow aber waren zu jener Zeit allerdings dem Schweriner Herzog abgefordert worden, aber für den Johanniter-Orden, für dessen Prätensionen[4]) einzutreten der Kurfürst sich auf fortgesetztes Ansuchen des Herrenmeisters Markgrafen Albrecht entschlossen hatte[5]).

Die gegen die innere Verwaltung gerichteten Klagen des vierten Teils der Peitzer Beschuldigung beginnen mit der dem Sachverhalt geradezu entgegengesetzten Behauptung, Danckelman habe sich die Leitung des Domänen- und Finanz-

---

übrigen kreisdirigierenden Staaten zu schroff gegen den eben von dem Schweriner zu Hilfe gerufenen kaiserlichen Sequesterkommissar vorgegangen. Vergl. Droysen IV. 1 S. 109.

[1]) S. bei Bresslau, Einleitung S. 4 die Aufzählung der Höfe, deren Agent er gewesen ist.

[2]) Was den vielseitigen Mann nicht hinderte, 1697 zur Zeit des Sturzes Danckelmans in Berlin wiederum als Beauftragter des Kurprinzen von Hannover aufzutreten. (S. den Bericht des hannoverschen Gesandten Ilten ebenda S. 24 f.)

[3]) du Cros selbst wagte man wohl nicht wegen dieser Angelegenheit auch nur zu verhören. Sogleich nach Danckelmans Fall wurde ihm eine jährliche Pension von 1000 Thalern versprochen. (Kab.-Ordre vom 13. Dez. 1697 ebenda S. 25.)

[4]) Sie waren im Westfälischen Frieden an Mecklenburg-Güstrow und Schwerin unter Bedingungen abgetreten, die nicht erfüllt worden waren. (Vorber. Art. 17.) S. auch Zwantzigk, Status Brandenburgicus antiquus et novus I. S. 631 (Ms. Bor. fol. Nr. 15 der Königlichen Bibliothek zu Berlin), und über das staatsrechtliche Verhältnis der Commenden Helwing, Geschichte des preufsischen Staates II. 1 S. 325.

[5]) Unter Zuziehung des Geheimen Rats (Protokolle vom 12. Jan. und 19. April 1967.)

wesens von vornherein angemafst. Er hatte aber gerade bei seiner Ernennung zum Oberpräsidenten — für die Zeit vorher kann überhaupt nicht davon die Rede sein[1]) — gegen die Übernahme einer Verantwortung dafür im allgemeinen ausdrücklich protestiert. Friedrich liefs denn auch gegenüber Danckelmans Erinnerung von dieser Supposition abstrahieren. Als ein Beispiel der durch jene Anmafsung herbeigeführten Nachteile hatte man indessen die Unordnungen der Kassen der Kammerverwaltung, insbesondere der Chatulle, herangezogen, einer der Danckelman in der That, aber aus besonderem Auftrage, zur Beaufsichtigung überwiesenen drei Kassen. Auf sie beschränkte man sich, als er für die übrigen nachgewiesen hatte, dafs sie durchaus aufserhalb des Bereiches seiner Befugnisse gestanden. Wenn nun der Angeklagte daran erinnerte, wie oft er über die Nachlässigkeiten der Verwaltung dieser Kasse beim Kurfürsten geklagt, so entsann sich dieser zwar in seiner neuerlichen Erklärung dieses Umstandes, machte ihn aber doch für die schlechte Rechnungsführung verantwortlich. Die Kommission stellte anheim, ob nicht von diesem Punkte abgesehen werden könne, nachdem von Vietor, dem Chatullenverwalter, Satisfaktion geleistet sei.

Noch weit generellere Beschuldigungen knüpfte man an die Ergebnisse der Kriegs- und Steuerfinanzverwaltung. Man warf Danckelman die ungeheure Höhe der Anleihen vor, die man bei dem langsamen Eingehen der fremden Subsidien hatte aufnehmen müssen; ja, man machte ihn selbst für diese Verzögerung verantwortlich. Nichts war leichter, als den letzteren Vorwurf, den zu belegen man nicht einmal den Versuch gemacht hatte, ohne weiteres als unbegründet, die Verschuldung der Kriegsadministration aber als eine natürliche Konsequenz der vom Kurfürsten einmal ergriffenen allgemeinen Politik, für die überhaupt man die ganze Staatsleitung, nicht einen Einzelnen, für deren Mafs insbesondere man allein die Specialbehörde, d. h. das General-Kriegskommissariat, verantwortlich machen könne, zurückzuweisen. Von solchen Erwägungen ausgehend beseitigte denn auch die Kommission diese Anklagen mit der Bemerkung, dafs man sie „der grofsen Weitläufigkeit" wegen sehr schwer werde erweisen können.

Waren diese Angelegenheiten dadurch nun auch aus der Reihe der gegen Dankelman mit juristisch stichhaltigen Gründen durchzufechtenden Anklagen gestrichen, so blieb doch faktisch an dem Rufe der Verwaltung, der er doch nicht allein den Namen gegeben hatte, der Makel einer sehr unglücklichen

[1]) Man hatte wohl (s. die Bemerkung der Kommission zu Art. 159 ff.) die bald nach dem Regierungswechsel ergangenen Erlasse über die Unterzeichnung von Assignationen durch Danckelman (s. o. S. 24 Anm. 4), die thatsächlich nur die ihm überhaupt aufgetragene Zeichnung der Verfügungen auch auf diese Verordnungen erstreckte, dahin mifsverstanden.

und wenig geordneten Finanzwirtschaft hängen; ihr ein Ende gemacht zu haben, war durchaus kein Mifsgriff gewesen, wenn in der That bei der Kriegsverwaltung 1200000 Thaler, bei der Kammerverwaltung nicht so grofse, wenn auch noch immerhin sehr beträchtliche Summen[1]) ohne eine aufserhalb des Finanzwesens selbst liegende Ursache durch Anleihe hatten aufgebracht werden müssen; wenn aufserdem innerhalb der verschiedenen Renteien erhebliche Unordnungen bestanden. Zwar nicht im Rahmen des Danckelmanschen Prozesses, aber durch die allgemeinen Untersuchungen über den Stand der Finanzen, wie sie der für sie eingesetzten[2]) Generalkommission aufgetragen und von ihr ausgeführt worden sind, ist über diese Frage Klarheit geschaffen worden.

Die Recherchen bei allen Hauptkassen ergaben, dafs sich zunächst bei der Hofrentei, der eigentlichen Centralkasse der Kammerverwaltung, überhaupt nichts Irreguläres vorfand[3]). Bei den beiden, ihren Einnahmen nach ebenfalls auf die Domänen- und Regalienverwaltung angewiesenen, in ihren Ausgaben aber dem Hofe dienenden Renteien des Hofstaats und der Chatulle stellte sich ein Fehlbetrag von 72, resp. 161 Tausend Thalern[4]) heraus, der aus Anticipierungen späterer Einnahmeraten, Vorschüssen anderer Kassen und unbezahlten Rechnungen bestand; aber er fiel durchaus der Hofhaltung, ihren stets wachsenden Bedürfnissen zur Last: die Hofstaatsverwaltung war allein dafür verantwortlich zu machen. — Bei der Kriegs- und Steuerverwaltung war der Status der, dafs 1258 Tausend Thaler durch Anleihe aufgebracht worden waren, und dafs ihnen 1565 Tausend noch nicht eingelaufener

---

[1]) 76 000 Thlr. Schulden bei der Domänenkasse, 93 000 bei der Salzkasse sind Art. 178 des Peitzer Protokolls angeführt.

[2]) Einsetzung einer Kommission zu Untersuchung der kurf. Hof- und Kammerstaats-Instruktion etc. wonach sich Unsere Kommission . . . zu achten, Berufung von Wylich-Lottum, Wartenberg, Barfufs, Fuchs zur Direktion, Weisung an die Amtskammer, auf Verlangen Akten auszuliefern — sämtlich vom 6. Dez. 1697 und von Fuchs gezeichnet; die beiden ersten Stücke sind bei Fischbach (II. 1 S. 85 und 86 ff.) abgedruckt. Die Mitglieder sind bei Isaacsohn (II. S. 288) aufgezählt. Später treten noch eine Reihe Geheime Räte und einzelne andere Beamte hinzu. (Nach einem undatierten Stück „Bei der kurf. Gen. Dom. Untersuchungskommission ist die Repartition der Affairen folgendergestalt gemacht worden.“)

[3]) Die „Erinnerungen über die Hofrentei-Rechnungen von Juni 1696—1697 und dann von Juni bis Dez. 1697 eine Stückrechnung“ führen nur eine Reihe rein formaler Rügen und ein paar Aufforderungen zu stärkerer Ausnutzung kleinerer Posten an.

[4]) Der eine bei der Hofstaatsrentei, der andere beim Hofstaat überhaupt, vermutlich auch durch die Hofstaatsrentei veranlafst. (Nach dem Bericht des speziell mit der Untersuchung dieser Kassen beauftragten Kammerrats Mathias vom 26. März 1698 mit einem „Extract über Einnahme und Ausgabe der Hofstaatsgelder von Crucis und Luciae 1697 bis 1698“ und einer Beilage, betitelt „Bei Hofstaat ist bis Luciae 1697 annoch zu bezahlen“.) Die Summen sind 72 504 Thlr. 20 Gr. 7 Pf. und 161 555 Thlr.

Subsidien gegenüberstanden[1]). Davon fielen etwas über $1/3$ auf Spanien, das sich in diesem Kriege als der promptestc Zahler[2]) erwiesen hatte. Dafs es sich später als sehr illoyalen Schuldner zeigte[3]), konnte nicht wohl vermutet werden[4]).

Wie immer es damit stand, in beiden Kategorieen des Finanzwesens, waren die vorhandenen Passiva durch Faktoren verursacht worden, die zu beeinflussen weder die Verwaltung selbst, noch auch der leitende Minister in der Lage waren: einerseits die Ausgaben des Hofes, d. h. am letzten Ende des Kurfürsten selbst, andrerseits die Säumigkeit der auswärtigen Mächte. Dafs Danckelman da, wo es ihm möglich war, dem Hofe gegenüber den Überschreitungen Einhalt zu thun sich bemüht hatte, hatten die Klagen des Obermarschalls, die Verstimmung Friedrichs selbst über seine unermüdlich wiederholten Mahnungen zur Genüge bewiesen. Wäre man ihnen gefolgt, ja hätte man sich noch in dem Augenblick des Endes der Danckelmanschen Administration entschlossen, den Hof auf das Mafs der Ausgaben zu beschränken, wie es noch in den ersten Jahren dieser Regierung gebräuchlich gewesen war, so hätte man in der kürzesten Zeit nicht allein die ja an sich nicht grofsen Fehlbeträge der Hofkassen decken, sondern auch unbekümmert um rasches oder verzögertes Einlaufen der Subsidien die Kriegsschulden abtragen können. Denn seit 1689 war die Nettoeinnahme der Kammerverwaltung — und dieser eine Umstand setzt doch überhaupt den ganzen Zustand der Staatsfinanzen erst ins rechte Licht — verdoppelt, d. h. um 430 Tausend Thaler vermehrt worden[5]). Bei den Jahr für Jahr sich steigernden

[1]) „Designation derjenigen Passivschulden, welche von den im letzteren Kriege von Ao. 1689 bis Ende 1697 negotiierten Geldern von Churf. Durchl. noch zu bezahlen sind." 1258888 Thlr., „hiegegen sind zu Ende 1697 bei dem Militäretat folgende Subsidiengelder wegen des letzten Krieges noch einzuholen gewesen": 1565585 Thlr. — beides Tabellen, die dem Ber. des General-Kriegskommissariats an die Generalkommission vom 2. Dez. 1700 beigelegt sind.

[2]) Von den 1689—1697 wirklich eingegangenen Subsidien, 63334932 Thlr., war nahezu der vierte Teil von ihm bezahlt, und während England mit weit mehr als $3/5$, der Kaiser mit $1/3$ der stipulierten Summe im Rückstande war, hatte Spanien nur noch $2/7$ zu bezahlen. (Nach einer „Tabelle aller frembden Subsidien, welche wehrendes Krieges von Ao 1689 inklusive bis Ende 1697 wirklich erhoben worden", beigelegt einem undatierten Bericht. „Wie S. K. M. Finanzien am Ende Anni 1697 sich überhaupt befunden.")

[3]) S. Droysen IV. 1 S. 167.

[4]) Wie Bresslau S. 32 Anm. voraussetzt.

[5]) Nach dem „Extract von dem Ertrage sämtlicher Churf. Brandenburgischer Domänen" von Trin. 1696—1697 (bei Fischbach II. 1 S. 82) betrug damals die Einnahme der Ämter- und Renteigefälle 1213391 Thlr., die Ausgabe für die unmittelbare Verwaltung, Ausgaben zur Verbesserung der Domänen, Erkaufung neuer Güter, Bezahlung der Schulden, Ämter

Domänenerträgen hätte man also mit den Überschüssen von schwerlich mehr als drei Jahrgängen sämtliche Passiva, auch die nur temporären, beseitigen können. Wer aber wollte bei solchen Verhältnissen von einer finanziellen Mifswirtschaft sprechen?

Objektiv übler, für Danckelman ebenso günstig, lagen die Dinge bei der Marineverwaltung und der Afrikanischen Kompagnie, deren materielle Verhältnisse man ebenfalls in den Bereich der Anklage gezogen hatte. Das vom Grofsen Kurfürsten begründete Unternehmen war sehr bald nach dem Regierungswechsel dermafsen in Not gerathen, dafs man vor der Alternative stand, es mit Verlust der ihm dargeliehenen Kapitalien untergehen zu lassen oder die staatlichen Zuschüsse zu erhöhen und neue Summen vorzustrecken. Dafs das letztere geschehen[1]), dafs bei der Auseinandersetzung in den Jahren 1692 und 93 die jährliche Beihilfe von 12000 auf 25000 Thaler erhöht, auf die Rückzahlung eines Darlehns von 174000 Thalern ganz verzichtet, etwa ebensoviel noch weiter als feste Schuld der Gesellschaft belassen wurde, dafs für sie endlich noch kleine Anleihen in Gestalt von Leibrenten, die auf die preussischen Zölle fundiert wurden, aufgenommen waren, wurde Danckelman jetzt vorgeworfen. Man verfehlte auch hier nicht, unerlaubte Motive unterzuschieben. Danckelman erwiderte, dafs er bei der Kompagnie mit 2000 Thalern beteiligt gewesen sei und dafür jährlich 100 Pfund Zucker und — nie Zinsen erhalten habe, dafs er dem Kurfürsten zuerst von neuen finanziellen Engagements abgerathen, ihm aber, als er auf Erhaltung der Gesellschaft und der von ihr als Entgelt zu stellenden Kriegsflottille als einer „sonderbaren Prärogative“ beharrte, endlich zugestimmt habe. Für die gesamte Mafsnahme hätte man alle anderen Mitglieder des Geheimen Rates ebenso wie ihn verantwortlich machen müssen. Die Kommission hielt denn auch die Heranziehung der Marineakten und der Geheimratsprotokolle, wenn man weiter gehen wollte, für notwendig.

Die dritte allgemeine Anschuldigung auf diesem Gebiete — es seien durch Danckelmans Schuld schädliche Münzverordnungen ergangen — wies sie vollends mit dem Hinweis darauf zurück, dafs man Belege beizubringen hier gänzlich verabsäumt hatte.

Noch wurden einige Einzelverordnungen inkriminiert. Einst war dem nie um ein Hilfsmittel verlegenen, nie aber

---

Notdurft, Besoldung der Beamten, Baukosten und Remissionen 366154, Überschufs: 847237. Berechnet man in dem Generaletat für 1688—1689 (Riedel, Der brandenburgisch-preufsische Staatshaushalt Beil. VIII) die entsprechenden Rubriken, so ergeben sich 826309 und 354556 Thlr., Überschufs also 461753; die Differenz der Nettoeinnahmen beträgt demnach 430484 Thlr.

[1]) Zwantzigk VIII. 9 giebt von diesen Dingen eine Darstellung, die mit den in den Prozefsakten gemachten Angaben durchaus übereinstimmt.

auch in ihrer Auswahl sehr bedenklichen Kammerrat und General-Empfänger Kraut eine Scheinquittung ausgestellt, um ihm zu einer guten Heirat zu verhelfen — man brauchte von Staatswegen immer sein Geld ebenso nötig wie sein Talent; nun behauptete die Anklage, ein Mifsbrauch der Unterschrift des Herrschers, von Danckelman herbeigeführt, liege vor. Aber der Kurfürst hatte nachweislich den Zweck gekannt und gebilligt; der Revers, der schädlich gewesen sein sollte, war mit dem Bedeuten ausgestellt, er solle im übrigen ungültig sein. Die ganze Angelegenheit, die der Würde des Monarchen freilich nicht sehr angemessen war, war auf Betrieb der Hofstaats-Kommissarien, vor allem des Grafen Lottum, zustande gekommen; denn die Hofhaltung war es, die des Vermögens der glücklichen Braut als Vorschusses bedurfte. Unberechtigter Weise ferner sollte Danckelman 10 000 Thaler erhoben haben; es ergab sich auch aus den Chatullrechnungen, dafs sie ein Geschenk des Kurfürsten gewesen waren. Endlich behauptete man — auch die clevische Amtsverwaltung Danckelmans blieb nicht unberührt — bei der Einlösung clevischer Domänen seien ungerechtfertigter Weise einzelne Besitzer begünstigt worden; es war mit gutem Grund geschehen und durch Verordnungen des Kurfürsten gebilligt[1]). Bei allen drei Punkten machte die Kommission die Unzulänglichkeit der Anklage geltend.

Mit manchen dieser Beschuldigungen war schon das Gebiet gestreift, dem die drei letzten Gruppen der Peitzer Anklageschrift, nahezu ein Drittel aller Artikel umfassend, gewidmet sind: das des offenbaren Betruges und Unterschleifes, der auf Kosten des Staates und Privater von dem Minister zum Zwecke persönlicher Bereicherung ins Werk gesetzten Verwaltungsmafsnahmen.

Wir wenden uns sogleich denjenigen unter diesen Punkten zu, für die man doch wenigstens einiges Beweismaterial beizubringen sich bemüht hatte: es sind die gegen einige die Staatsfinanzen berührenden Angelegenheiten erhobenen Vorwürfe. Keiner von ihnen war ehrenrühriger als der, er habe „unter allerhand unerfindlichem Prätext“ eine kurfürstliche Domäne an sich gebracht. Danckelmans Darstellung von dem Vorgange

---

[1]) Vor allem handelte es sich um die Herrschaft Ringelberg. Sie gehörte einem Freiherrn von Spaen, dem man eben mit Mühe und nur gegen das Versprechen einer Ratsstelle in der clevischen Regierung Schlofs und Besitzung Moyland abgerungen hatte, nachdem sein Vater sich jahrelang hartnäckig geweigert hatte, sie abzutreten. Nun mochte man ihm — bei den zumeist höchst verwickelten Rechtsverhältnissen der verpfändeten Domänenstücke ging man häufig vergleichsweise vor — nicht auch das andere Gut streitig machen, zumal es nur 2—$2^1/_2$ % jährlich eintrug. Der von den Reluitionskommissaren vorgeschlagene Verzicht war vom Kurfürsten bestätigt worden.

war die folgende. In dem halleschen Kammerrat Kraut hatte er schon frühzeitig das Finanz- und Verwaltungstalent, das sich späterhin im reichsten Maſse bewährte, erkannt, und er zog ihn nicht allein sehr bald nach Berlin, sondern nahm seinen Rat auch in privaten Geschäften in Anspruch und überlieſs ihm die Verwaltung seines Vermögens, insbesondere seiner Güter, zum groſsen Teil. Und so eifrig und scharfblickend, wie sich Kraut im Staatsdienste, vor allem bei der Rückerwerbung verpfändeter Domänen, zeigte, nahm er nun auch den Vorteil seines Gönners wahr und lag ihm häufig mit Vorschlägen zu lukrativen Einkäufen an. So riet er ihm schon bald nach dem Regierungswechsel, das Gut Wettin, das ungemein billig zu kaufen war, zu erwerben. Danckelman lehnte das aus Mangel an disponiblem Kapital ab, war aber der Ansicht, es könne für den Kurfürsten zunächst angekauft werden, von dem er es dann nach einigen Jahren für denselben Preis erbitten wolle — ein Weg, der von ihm, dem von seinem freigebigen Herrn eine Verschreibung[1]) auf Lehnsgüter im Werte von 100000 Thalern ausgestellt worden war, ohne das geringste Bedenken eingeschlagen werden konnte. Die Besitzung ward denn auch 1690 für den Fiskus erworben. Als dann Danckelman Gelegenheit fand, sich an dem nahe gelegenen Steinkohlenbergwerk Wettin mit einer Anzahl von Kuxen zu beteiligen, wurde der Plan von Kraut aufs neue angeregt. Der stellte wiederum vor, wie vorteilhaft die Acquisition sei, hütete sich aber weislich, dem Minister mitzuteilen, daſs das Gut die dreifachen Zinsen des bezahlten Preises abwarf. Danckelman, der Krauts nicht allzu strenge Ansichten in Geldsachen wohl kennen mochte, hatte ihm von vornherein eingeschärft, er solle für ihn nur solche Geschäfte abschlieſsen, die „optimo jure, ohne gewisse Beschwer und üble Nachrede“ einzugehen seien. Er forschte nicht weiter nach; mit des Kurfürsten Bewilligung ging die Herrschaft an ihn über. Die darauf bezügliche Verfügung[2]) ordnete, um den neuen Besitzer vor späteren fiskalischen Anfechtungen, insbesondere vor Anzweifelung des Lehnscharakters des Gutes, zu schützen, die Löschung der dreijährigen Rechnungen in den Büchern der magdeburgischen Rentei an. Kraut aber — und hier hört Danckelmans Beteiligung an der Sache auf — hielt für besser, die betreffenden Blätter vollends auszuschneiden, nicht allein etwa im falschverstandenen Interesse seines Auftraggebers, sondern weit mehr, weil er selbst alle Veranlassung hatte, alle Spuren dieses Geschäftes zu tilgen; denn er hatte sich

[1]) Vom 17. Febr. 1689. S. o. S. 24.

[2]) Vom 21. Nov. 1692, gezeichnet von Knyphausen, eine analoge von Danckelman selbst an den Chatullverwalter Vietor, vom 1. Dez. 1694 (Acta die Erhandlung und Wiederweggebung des Meniusgutes betr.).

dabei zu bedenken nicht vergessen und zwar nicht eben auf die redlichste Weise. Während in der That nämlich die Kammer im Jahre 1689 die Kaufsumme für die Besitzung aus ihren eigenen Mitteln erlegt hatte, spiegelte Kraut vor, die seien damals nicht vorhanden gewesen: Danckelman hätte der Rentei vielmehr Kaufgelder und Baukosten vorstrecken müssen, und diese Darstellung — dafs sie gefälscht war, stellte sich erst 1698 heraus[1]) — ging auch in jenes Reskript über. Danckelman konnte von dem Trug um so weniger wissen, als der ehrenwerte Landrentmeister ihm in dem Rechenschaftsbericht über die Verwaltung seines Privatvermögens einen Posten von etwa 18000 Thalern berechnete, die er erborgt und dann wiederum der Kammer vorgeschossen habe, und für deren Verzinsung der Minister ihm die Einkünfte von Wettin überlassen habe (die nach seiner Fiktion vom Fiskus seinerseits als Interesse für das Danckelmansche Darlehen zu erstatten waren). Gerade diese Zinsen aber waren für Kraut die Hauptsache man kann nicht anders annehmen, als dafs sie in seiner Tasche verschwanden.

Natürlich aber warf die Aufhellung aller dieser Manipulationen auch auf Danckelman den übelsten Schein; da man seine Mitwissenschaft, wenn nicht Urheberschaft, wie es in diesem Verfahren nicht verwunderlich ist, ohne weiteres annahm, wurden sie ihm ganz und gar aufgebürdet. Doch war die Verteidigung glücklicherweise gerade hier in der Hauptsache eine leichte: zwar dem Vorwurf der Beteiligung an der Beseitigung der Rechnungsblätter konnte sie nur die Beteuerung des Gegenteils entgegensetzen; aber ihr tritt als indirekte Bestätigung der Umstand zur Seite, dafs Krauts Verantwortung[2]) eben diesen Punkt, der natürlich auch ihm vorgehalten wurde, mit Stillschweigen überging[3]); und vollends konnte durch Vorlegung der Krautschen Rechnungen[4])

---

[1]) Ein augenscheinlich aus der halleschen Kammer stammender, mir nur in einer ununterzeichneten und undatierten Abschrift vorliegender Bericht klärte den ganzen Vorgang auf.

[2]) S. Beilage II. Nr. 2. Art. 6: die Weisung vom 6. Juli 1705.

[3]) Es sei denn, dafs eine derartige Angabe in der kurzen Zusammenfassung von 1705 — andere Akten der Krautschen Untersuchung habe ich nicht gefunden — fortgelassen ist.

[4]) Anlage G des Peitzer Protokolls; danach hatte Kraut für Rechnung Danckelmans neben der Kaufsumme von 11902 Thlrn. noch eine Reihe von andern Posten, darunter Baukosten im Betrage von 1225 Thlrn. 11 Gr. 3 Pf., in den Jahren 1689—1692 auf Wettin verwandt, und über den Ursprung dieser Summen heifst es „weil der Kraut von 3½ Jahren (d. h. seit 1689) zu der Kaufsumme des Guts Wettin und Baukosten an die 18000 Thlr. erborgen müssen, so haben Se. Exz. anstatt der Interessen, welche sich à 6% an 2730 Thlr. belaufen müssen, ihm die dreijährigen Intraden des Gutes cediret = 3015 Thlr. 6½ Pf.“ Letzterer Posten ist nach den wirklichen Renteirechnungen auch zu gering angesetzt, nach

authentisch nachgewiesen werden, dafs Danckelman, weit entfernt von einer Teilnahme an dem schmutzigen Zinsenhandel, von seinem Mandatar ebenso betrogen worden war, wie der Fiskus. — Wenn gegen die Übertragung des Gutes überhaupt noch von der Anklage die Behauptung vorgebracht wurde, dafs Wettin kein Lehnstück, sondern eine Domäne und deshalb unveräufserlich[1]) gewesen sei, so stand dem der Umstand, dafs die Besitzung nachweislich als ein Mannlehn seit zwei Jahrhunderten der Familie Trotha[2]) gehört hatte, entgegen. An den Kauf selbst eine Beschuldigung zu knüpfen, war angesichts der kurfürstlichen Verfügung juristisch unhaltbar[3]); selbst über das Gebiet des Rechtes hinaus konnte Danckelman um so weniger ein Vorwurf gemacht werden, als er der Kammer nicht allein die Kaufsumme, sondern auch die in den drei Jahren von ihr auf das Gut verwandten Impensen[4])

---

ihnen betrugen die Wettinschen Einnahmen 1690—1692 4095 Thlr. 16 Gr. $2^1/_2$ Pf. — man sieht, der biedere Christian Friedrich Kraut verschmähte auch kleine Nebenvorteile nicht.

[1]) Nach magdeburgischem, durch die erzbischöflichen Kapitulationen immer wieder bestätigtem Landrecht; andererseits lag gerade für Magdeburg ein Geheimraths-Beschlufs vor, res infeudari solitae nicht ohne weiteres als Kammergut zu reklamieren. (Vorber. Art. 9., Geh.-R.-Prot. von 1694.)

[2]) Von der ihnen im Jahre 1478 verliehenen Hälfte der alten Grafschaft Wettin hatten die Trothas neuerdings einen Teil an die Herren von Menius „sub reluitione" verkauft, denselben, der in Danckelmans Besitz kam. (Anl. D des Vorber., „Nachricht ob Wettin Domanialstück gewesen".) Eben dieses ihres Wiedereinlösungsrechtes wegen führten sie erst gegen Danckelman, dann gegen den Staat als seinen Rechtsnachfolger einen Prozefs, der 1698 vor das Kammergericht gelangte: sie bestritten Menius das Recht, das Gut weiter zu verkaufen. Trotzdem sie nun dabei gerade auf der Eigenschaft der gesamten Besitzung als eines Lehns fufsten, wurde bald darauf von der Kammer auch noch der ihnen verbliebene Teil, unter Anfechtung der Belehnung von 1478, in Anspruch genommen — ein Verfahren, das, an sich in der unendlich langen Reihe der Kammergutsprozesse des ausgehenden siebzehnten und des achtzehnten Jahrhunderts nicht durch seine Härte auffallend, doch jene vorsichtige Anordnung der Rechnungslöschung rechtfertigt. Hat man doch auch, insbesondere zu Anfang des Verfahrens gegen Danckelman, gerade auf die dreijährige Verwaltung des Gutes als Beweis seiner Domanialqualität hingewiesen. (So Zwantzigk, Incrementa V. Tit. 2, Ms. im Geh. Staatsarchiv zu Berlin, ein Werk, das gerade die rechtlichen Punkte mit unendlichem Fleisse zusammengetragen hat. Es verdient wohl Beachtung, da es, gleichzeitig (um 1700) geschrieben, von einem Verfasser stammt, dem als Mitglied der Geheimen Kanzlei authentische Informationen zur Verfügung standen, und da es mehr den Charakter einer für offizielle, diplomatische oder publizistische, Zwecke angelegten staatsrechtlichen Rüstkammer als eines zur Veröffentlichung bestimmten Buches trägt.)

[3]) Implicite hat man das später gewissermafsen dadurch anerkannt, dafs man Danckelman später eben aus Wettin eine jährliche Revenue anweisen wollte s. u. S. 95.

[4]) Dafs Kraut diese aufserordentliche Zahlung sich als ein besonderes Verdienst anrechnet (s. Beilage II. 2 Punkt 6), ist nicht auffällig.

zurückerstattet hatte. Wenn ihn eine Schuld trifft, so war es nur die, seinen Bevollmächtigten nicht sorgfältiger beaufsichtigt zu haben.

Im Zusammenhang mit dieser Sache hatte man zu Anfang — mit dem die Gründlichkeit der ersten Anklageschrift charakterisierenden Mafse von Genauigkeit — behauptet, der Wettin benachbarte Amtshof Rothenburg sei von Danckelman widerrechtlich okkupiert; als sich dann doch nicht leugnen liefs, dafs er von ihm auf sechs Jahre gepachtet worden war, fand man heraus, dafs die Arrendesumme tausend Thaler betrug, der Hof aber für 1415 Thaler in Afterpacht gegeben war. Der Angeschuldigte hatte, nach seiner Aussage, von diesem Sachverhalt nichts gewufst und hätte das — rechtlich natürlich nicht im geringsten anfechtbare — Geschäft, das ebenfalls Kraut abgeschlossen hatte, niemals, wie es bei seiner amtlichen Stellung natürlich war, gebilligt, wenn er davon Kenntnis erhalten hätte.

Viel klarer als der Wettiner lag ein anderer, in Bezug auf das Streitobjekt ihm ähnlicher Fall: die angeblich ebenfalls unrechtmäfsige Annexion des preufsischen Gutes Zimmerbude; die Anklage war hier auch nach der Meinung der — hinsichtlich der Meniusburg völlig mit ihrem Urteil zurückhaltenden — Kommission unhaltbar: es war nicht, wie behauptet wurde, eine Domäne, sondern ein heimgefallenes Lehn, und es war dem Minister auf Bitten der preufsischen Ritterschaft, die ihn als Indigena rezipiert hatte, in einer Sitzung des Geheimen Rats vom Kurfürsten übertragen worden[1]).

Vielleicht aus dem Grunde, dafs das Wettiner Steinkohlenbergwerk nahe der Meniusburg gelegen ist, hatte man zuerst schlechthin behauptet, es sei ebenfalls auf unrechtmäfsige Weise „in Danckelmans Hände gefallen“; da das Werk — wohl überhaupt das gröfste industrielle Unternehmen, das unter dieser Regierung in Brandenburg begonnen wurde — notorisch einer Gesellschaft, an der sich Danckelman nur beteiligt hatte, gehörte, einer der schlagendsten Beweise für die wahrhaft frivole Nachlässigkeit, mit der man die erste Anklageschrift zusammengestellt hatte. Dem Thatbestand gegenüber reduzierte man freilich später diese Anschuldigung auf den an sich gar nicht gravierenden Satz, er habe dies Bergwerk an sich zu bringen gesucht; aber die umfassenden Anklagen, die an Danckelmans Beziehungen zu der Unternehmung, gleichviel wie sie entstanden und welcher besonderen Art sie waren, geknüpft

---

[1]) Nach Danckelmans Aussage gegen seinen Einspruch, da die Wittwe des letzten Lehnsinhabers gerade seine Fürsprache für ihr Gesuch, man möge das Gut ihrem zweiten Manne deferieren, erbeten hatte. Das Protokoll der Sitzung habe ich nicht gelesen — die Serien sind nicht durchaus lückenlos.

waren, bestanden fort: drei der bedeutendsten ökonomischen Maſsnahmen dieser Epoche sollten von dem leitenden Minister um seines privaten Vorteils willen veranlaſst, dem Staate dadurch und durch seine Nachlässigkeit aus ihnen nicht nur kein Nutzen, sondern ungeheurer Schaden erwachsen sein. Es handelte sich um das eben jener Gesellschaft erteilte kurfürstliche Privileg, um die Änderungen, die man im Betriebe der fiskalischen Salzwerke zu Halle in den letzten Jahren vorgenommen hatte, und um die Erbauung der Saalschleusen; es waren die drei Maſsregeln, durch die vor allem das materielle Wohl des neugewonnenen Landes hatte gehoben werden sollen, die im Verein mit der neugegründeten Stätte geistiger Arbeit das neue Regiment in Magdeburg einbürgern sollten — ganz im Sinne der hochherzigen Staatsweisheit, welche von jeher die Hohenzollern die zuletzt erworbene Provinz als das Schooſskind ihrer Sorgfalt hat betrachten lassen — sie wurden nun als die Produkte des gemeinsten Eigennutzes eines pflichtvergessenen Ministers hingestellt.

Am wenigsten fundiert waren die Anklagen, die sich an die Erteilung des Privilegs und des weiteren an die Entstehung von Danckelmans Verhältnis zu der Rothenburger Gewerkschaft knüpften. Um das in der Zeit vor der brandenburgischen Besitzergreifung gänzlich verkommene Rothenburger Steinkohlenbergwerk[1]) wieder emporzubringen, war schon unter dem Groſsen Kurfürsten eine Gesellschaft zu seinem Betriebe auf Anregung des Kammerpräsidenten Knyphausen organisiert worden; aber sie scheiterte noch vor 1688, einer zweiten ging es in den ersten Regierungsjahren Friedrichs III. nicht besser; dennoch lieſs der einsichtige Leiter der brandenburgischen Kammerverwaltung nicht ab: es wurde eine dritte Gewerkschaft begründet, an der er selbst durch Ankauf der Kuxe des zuvor an dem Unternehmen stark beteiligten Obersten Pfuel partizipierte, und um sie vor dem Schicksal der früheren zu bewahren, erteilte ihr die Regierung ein höchst umfassendes Privileg (vom 11. Dez. 1691)[2]), für den Erz- und Steinkohlenbergbau in ganz Magdeburg und der Altmark mit einer Reihe von Steuerfreiheiten und jurisdiktionellen Befugnissen. Daſs Danckelman diese Konzessionen, die dem kurfürstlichen Bergregal präjudizierlich seien, „dem Bergwerk zu Wege gebracht“ habe, wurde ihm jetzt vorgeworfen; er wies dem gegenüber auf den Plenarbeschluſs des Geheimen Rates[3]) hin, der ihn von besonderer Verantwortung entlaste — auſserdem war klar,

[1]) Vergl. Schmoller, Studien Jahrb. XI, S. 832.

[2]) Als am 12. erlassen bei Mylius, Corp. Constitut. Magdeburg. V, S. 252 ff. abgedruckt.

[3]) Das Protokoll dieser Sitzung habe ich nicht finden können; doch ist die Angabe, die — schon in der ersten Verteidigungsschrift Danckelmans gemacht — ohne jeden Widerspruch blieb, zweifellos richtig.

wenn man diese für das industrielle Gedeihen des Landes höchst wichtige Unternehmung überhaupt fördern, ja nur vor dem Untergang bewahren wollte — und der Kurfürst hatte sich sogar selbst beteiligt[1]) — so mufste man ihr auf jede mögliche Weise zu Hülfe kommen. Und wenn man sodann noch insinuierte, der Minister habe das Patent um seines privaten Nutzens willen veranlafst, so schlug das der Wahrheit geradezu ins Gesicht; denn er war damals überhaupt noch nicht in irgendwelche Beziehungen zu der Gesellschaft getreten: noch im Frühling 1692 schlug er Knyphausen ab, Kuxe von ihm auch nur geschenkt zu nehmen[2]); seit dem Oktober 1692 erst wurde er Teilhaber. Auch dieser Eintritt selbst diente zum Objekt neuer Beschuldigungen. Der wirkliche Vorgang war der gewesen, dafs der Hofkammerpräsident trotz des Privilegs die Kuxe des noch immer völlig darniederliegenden Werkes unterzubringen die gröfste Mühe hatte. Selbst der Kurfürst hat sich von dem riskanten Unternehmen bald wieder zurückgezogen. Erst nach langem Zögern entschlofs sich Danckelman auf Knyphausens Vorstellung, dafs sonst auch diese Gewerkschaft zu Grunde gehen werde, 20 Kuxe von ihm als Geschenk anzunehmen, 62 weitere ihm unter „leidlichen“ Bedingungen abzukaufen. Energisch und durchgreifend in jeder Unternehmung, die er begann, dazu durchdrungen von der Überzeugung, dafs das Werk um des allgemeinen Nutzens willen gesichert werden müsse, setzte er dann einen nicht geringen Teil seines Vermögens an die Sache und erwarb nach und nach soviel weitere Anteile hinzu, dafs er schliefslich fast drei Viertel[3]) der Gesamtzahl besafs. Ihn bewog dazu die Ansicht, dafs die früheren Gesellschaften durch nichts so sehr, wie die grofse Zahl und die Uneinigkeit der „Gewerken“, der Teilhaber, Schaden gelitten hätten. Noch über seine Kuxe hinaus hat er der Sozietät bedeutende Summen vorgeschossen[4]), vor allem zur Abfindung der früheren Gewerkschaft. Für den Beginn dieser Beteiligung, eben jenes Geschenk des Hofkammerpräsidenten, wenigstens wollte die Anklage wiederum unredliche Motive nachweisen: gerade zu jener Zeit habe eine „gewisse“ Münzinquisition gespielt, die dann ins Stocken gekommen sei; die 20 Kuxe also — damals von sehr geringem Wert, Danckelman fügt hinzu, er hätte ebenso gut hundert haben können — sollten zur Bestechung gegeben worden sein. Der Angeklagte beteuerte,

---

[1]) Schmoller ebenda.

[2]) Zuvor sei er neque re, neque intentione beteiligt gewesen, fügt er Resp. addit. zu Art. 274 hinzu.

[3]) 287 von 400 nach der Tabelle der eingezogenen Güter Danckelmans (Förster, Urk. I. S. 6.)

[4]) In den Jahren 1692—1695 26200 Thlr., von denen 12200 bis 1697 nicht abgetragen waren. (Besonderer Ber. Danckelmans vom 8. Jan. 1704.)

er wisse davon nichts, und forderte weitere Angaben; aber man zog es vor, eine nähere Bezeichnung auch in die zweite Klageschrift nicht aufzunehmen. Die Kommission war denn auch in der ganzen Sache der Ansicht, dafs Danckelman durch einen Geheimratsbeschlufs in Bezug auf das Patent entlastet sein würde, und dafs es im übrigen an Beweisen fehle.

Weit umfassender noch waren die Anschuldigungen, die man wegen der angeblichen Mifsverwaltung der halleschen Salzwerke[1]) erhob: die „einunddreifsig Punkte“ hatten sich bei Berechnung des durch sie entstandenen Schadens mit 100 000 Thalern begnügt; das Peitzer Protokoll setzte das Vierfache an. Nachdem Brandenburg in den Besitz des bedeutendsten deutschen Salzbrunnens gekommen war und nachdem der Grofse Kurfürst mit aller Energie die landesherrlichen Ansprüche auf den vierten Teil der Salzhütten, der „Koten“, geltend gemacht, die Gewinnung dieser Quart- und der unter der bisherigen verrotteten Verwaltung gänzlich vergeudeten Extrasole in staatliche Administration genommen[2]) hatte, konnte merkantilistischer Wirtschaftsanschauung nichts näher liegen, als der Gedanke, nun auch die benachbarten kurfürstlichen Lande mit dem einheimischen Produkt zu versorgen, statt noch länger fremdes Salz zu importieren. Der Plan, der an sich um so leichter auszuführen war, als der Salzhandel als Monopol ganz in fiskalischen Händen lag, war unter der vorigen Regierung zwar erwogen, aber nicht verwirklicht worden, weil man zur Ersetzung des bisher in den Marken — um diese handelte es sich zunächst — vorwiegend verbrauchten Lüneburger Erzeugnisses weder die Quantität, noch die in der That entsprechend der viel unvollkommneren Technik geringere Qualität des halleschen für hinreichend erachtete. Bald nach dem Thronwechsel stellte Kraut indessen vor, dafs die Verwertung der Extrasole wohl einen gröfseren Export verstatte, dafs man durch Verbesserung des Siedeverfahrens die Güte heben könne und dafs trotzdem nach einiger Zeit ein ebenso niedriger Preis wie für das Lüneburger Salz werde gefordert werden können. Der Geheime Rat ging auf seinen Vorschlag ein[3]), und die Versorgung der Mark mit

---

[1]) S. darüber die beiden neuesten Bearbeitungen des Gegenstandes Schwetschke, Zur Gewerbegeschichte der Stadt Halle von 1680 bis 1880. I. S. 17 ff., insbesondere aber die umfassende Darstellung bei Schmoller Studien Jahrb. XI. S. 839 ff.

[2]) Wenigstens zum gröfseren Teil: denn einige blieben trotz des Reskriptes vom 10. Febr. 1680, das die Eigenbewirtschaftung generell anordnete, doch in Pacht: mehrere wurden 1689 ausgethan. S. Schwetschke S. 18.

[3]) Die Protokolle von 1688 und Jan. bis Okt. 1689 haben mir in der in Betracht kommenden Serie nicht vorgelegen; doch gilt auch hier sicherlich das oben S. 70 Anm. 3 Gesagte. Zahlreiche weit weniger bedeutende Mafsnahmen der halleschen Salzadministration wurden im Geheimen Rate beschlossen.

dem halleschen Produkt wurde beschlossen, nachdem Kraut dargethan hatte, dafs hallesches Salz, nach Lüneburger Art in bleiernen Pfannen gesotten, fast denselben Grad von Trockenheit erreichen könne, wie das fremde. Im Jahre 1693 ward sodann durch Einführung von Steinkohlen als Heizmaterials statt des bisher benutzten Holzes wiederum ein technischer Fortschritt gemacht: die Produktion hob sich rasch [1]).

Jetzt nun wurden diese Mafsnahmen der schärfsten Kritik unterzogen, mit einer Flut von Vorwürfen überschüttet und alles, wie gewöhnlich, Danckelman zur Last gelegt. Der Hofrentmeister Stille, auf dessen Denkschriften dieser Teil der Anklage vor allem zurückging, hatte schon früher über das hallesche Salzwesen abfällige Urteile verlauten lassen. Als man ihn damals auf des Ministers Beschwerde deswegen vernahm [2]), wollte er sie nur in sehr beschränktem Mafse zugeben. Jetzt mochte er die Zeit, sie zur Geltung zu bringen und sich für die erlittene Demütigung zu rächen, für gekommen halten: aufser seinem Votum hat er mit den Kammerräten Lindtholz und Weisse ein besonderes Memorial über den Gegenstand ausgearbeitet und gleichzeitig mit jenem überreicht. Zunächst wurde die Zweckmäfsigkeit der Ersetzung des lüneburgischen Imports durch den halleschen überhaupt in Frage gestellt: Krauts Versprechungen, ebenso gutes und ebenso billiges Salz zu schaffen, seien beide nicht in Erfüllung gegangen; die Klagen der märkischen Stände über die schlechte Qualität des neuen Produktes hätten nicht aufgehört. Doch es hätte dem Charakter des ganzen Verfahrens wenig entsprochen, wenn man den dem Staate und dem Lande erwachsenen Schaden — jener wurde schliefslich auf 197299 Thlr. 9 Gr. 11 Pf., dieser auf rund zwei Tonnen Goldes, also etwa ebenso viel, berechnet — allein der allgemeinen Mafsregel, ja selbst nur der durch Danckelmans Nachlässigkeit veranlafsten Konfusion der halleschen Salzrechnungen, die man des weiteren vorbrachte, zugeschrieben hätte: viel vernichtender wirkte doch immer ein Zurückgehen auf Motive des Eigennutzes; da half denn auch hier das Wettiner Bergwerk. Dessen Steinkohlen eben hatte man seit der Änderung des Heizungsbetriebes verbraucht: nun behauptete man, durch diese seien die Herstellungskosten einer Last Salz um 6 Thlr. gewachsen, und es war klar, dafs der Löwenanteil an jenem ungeheuren Schaden der Unredlichkeit und der Habsucht des Ministers zugefallen war.

Gerade gegen diese schmähliche Insinuation aber wandte sich sogleich die erste Verteidigungsschrift mit aller Energie;

[1]) Nach Schwetschkes ungefährer Berechnung, in den Jahren von 1686 bis 1701 von 2400 auf 4000 Last.

[2]) S. o. S. 40. Anm. 1.

denn nichts konnte mehr als sie der Wahrheit ins Gesicht schlagen. Die Veranlassung zu der Einführung der Steinkohlenheizung, wie sie damals auch schon anderwärts, so in den hessischen Salzwerken zu Ahlendorf, bestand, war die Erhöhung des Preises für das Holz gewesen, welche die sächsische Kammer, von der man es bezog, bei Erneuerung des Lieferungskontraktes gefordert hatte. Die Wettiner Gewerkschaft aber hatte von dem ihr gewordenen Auftrag zunächst nur wenig Vorteil gehabt, denn während sie übrigens den Wispel Steinkohlen für 7 Thlr. 6 Gr. verkaufte, hatte sie den fiskalischen Pfannen Vorzugspreise für die ersten Jahre gewährt — 1693 noch nicht 4 Thlr., 1694 5 Thlr. 12 Gr., 1695 und 1696 6 Thlr. 6 Gr. — was für sie bei einer Höhe der eigenen Herstellungskosten von 4 Thlrn. eine Einbuſse von mehreren Tausenden bedeutete. Eitel Lug und Trug aber war die Behauptung, daſs die Steinkohlenheizung den Betrieb verteuere — wie kam es dann, daſs die halleschen Privatpfänner, die doch weit höhere Preise bezahlen muſsten, sie anzuwenden für vorteilhaft hielten? Warum hatte man nach dem Sturze des verderblichen Danckelmanschen Systems nicht eiligst wieder das kursächsische Holz eingeführt? In der That wurde auch Kraut, gegen den man vielfach dieselben Anklagen erhob, in einer „Anzeige seiner Verbrechen“ keineswegs — man traut seinen Augen nicht — die Einführung der Steinkohlen, sondern nur ihre nachlässige Verwertung vorgeworfen und von jener ausdrücklich gesagt, daſs die Pfänner, die sich der Steinkohlen bedient, wohlfeileres und besseres Salz gesotten hätten [1]). In zwei gleichzeitigen Anklageakten ward also officiell das Entgegengesetzte behauptet! Hier hat freilich auch die erste Rechtfertigungsschrift Danckelmans erreicht, daſs man in der Peitzer Beschuldigung den Zusammenhang der halleschen Miſsverwaltung mit dem Wettiner Werke ganz und gar aufgab, den Anklagepunkt, der im übrigen bestehen blieb, auch nicht in die Reihe der Unterschleife, sondern der Miſsgriffe in der inneren Verwaltung setzte.

Gegen die allgemeine Beschuldigung hatte Danckelman nur geltend gemacht, daſs angesichts des Geheimeratsbeschlusses über die Provision der Mark ihn keine Verantwortung treffe, daſs im besonderen für die Beaufsichtigung der Verwaltung die beiden anderen Mitglieder der für das Salzwesen eingesetzten Spezialkommission, Fuchs und Stille, nicht minder verantwortlich seien als er, endlich daſs er an seinem Teile mehrmals Beauftragte nach Halle gesandt habe zur Abnahme der Rechnungen, dass die Sache aber immer wieder verzögert worden sei. Die Kommission hatte ihn unter diesen Voraussetzungen

[1]) S. Beilage II, 1 Punkt 9.

schon darauf hin für entlastet erklärt; aber jene ominösen Zahlen, denen Danckelman ohne jedes Material völlig hülflos gegenüberstand, die zu entkräften ihm auch freilich nicht oblag, hätten doch eine nähere Prüfung verdient. Zunächst die zwei Tonnen Goldes „Schaden des Landes“, die augenscheinlich in ganz ungeheuerlicher Berechnung dadurch gewonnen sind, daſs der angeblich 200 000 Thlr. betragende Verlust des Fiskus, des Produzenten, unbedenklich noch einmal den Unterthanen, den Konsumenten, als Schaden angesetzt wird. Sicherlich waren die Klagen der Stände über die Qualität des Salzes berechtigt gewesen; aber, und das wurde in der Anklage ganz übersehen, man hatte, was an der Güte mangelte, durch eine gröſsere Menge zu ersetzen gesucht[1]); man hatte für die Tonne hallesches Salz keinen höheren Preis[2]) als für die lüneburgische angesetzt, obwohl jene 420, diese nur 315 Pfund zählte, und hatte somit 28,5 % weniger als früher gefordert. Als dann die heizkräftigeren Steinkohlen eingeführt worden waren, war ein den alten (von vor 1688) um 10,9 % übersteigender Preis angenommen worden[3]), aber auch nur, nachdem eine vor einer besonders zu diesem Zwecke ernannten Kommission abgehaltene Probe[4]) ergeben hatte, daſs man jetzt die Trockenheit des lüneburgischen Salzes völlig erreichen könne[5]). Auch die Abgeordneten der Stände

---

[1]) In der Weisung an Knyphausen, Fuchs und Kleinsorge vom 24. Febr. 1694 lautet der Eingang: „Wir erfahren, daſs zum Schaden Unserer Berliner Salzfactorei von dem Salz, das mit Holz in bleiernen Pfannen gesotten worden, je die Tonne mit 30 Lispfund angefüllt wird, da doch vormals eine Tonne Lüneburgisches Salz nur 22½ Lispfund gewogen.“ (1 Lispfund = 14 Pfund.)

[2]) Das Edict vom 26. Aug. 1667 setzte den Preis für 1 Tonne spanisches, französisches, lüneburgisches Salz auf 4 Thlr. 3 Gr. fest (Mylius, Corpus Constitutionum Marchicarum IV. 2 S. 27 ff.). Nach dem Lüneburgischen Gewichtsverhältnis hatte demnach ein Pfund — unter Zugrundelegung des Tonnenpreises — 3,45 Pfennige gekostet, von dem halleschen Salze aber ein Pfund nur 2,47 Pfennige (die Einzelpreise waren etwas höher angesetzt).

[3]) Edict vom 4. Mai 1694 (ebenda S. 37 ff.). Nun sollte die Tonne hallesches Salz „nach Lüneburger Art in bleiernen Pfannen gesotten“ 23 Lispfund, also 322 Pfund, halten und 4 Thlr. 8 Gr. kosten, — das Pfund also 3,87 Pfennige.

[4]) Sie wurde in der eben zitierten Weisung vom 24. Febr. 1694 (Concept von Daniel Ludolf Danckelman) angeordnet. Die drei Kommissare, die Ärzte, Apotheker und Hauswirtschaftsverständige herzuziehen sollten, waren beauftragt festzustellen, ob ein Pfund oder Centner hallesches Salz in qualitate intrinseca et effectu und in quantitate dem lüneburgischen gleichkomme. Wenn „sich eine Parification hervorthun sollte“, so müsse dann das hallesche Salz entweder auch zu 22½ Lispfund die Tonne, oder zu einem höheren Preise verkauft werden.

[5]) Das Ergebnis der Probe war nach Danckelmans Aussage (Vorber. Art. 14), daſs das hallesche Salz mit Holz in blechernen Pfannen auf 8 Grad, mit Holz in bleiernen auf 9 Grad, mit Steinkohlen in blechernen Pfannen auf 10 Grad und damit bis zur gleichen Trockenheit wie das lüneburgische gebracht werden konnte.

hatten sich, als ihnen Danckelman das neue Erzeugnis vorlegte, beruhigt — wie verschwindend gering war doch auch die in dieser Form erhobene Abgabe im Vergleich etwa mit den eben wieder verschärften grandes gabelles Frankreichs[1])! Und wo bleiben die zwei Tonnen Goldes, die den Unterthanen abgepreſst sein sollen?

Nicht unbegründet schien die Behauptung, daſs in jenen Jahren das hallesche Salz der märkischen Monopolverwaltung mehr gekostet habe, als das lüneburgische; nur ist auf den ersten Blick schon die Höhe der berechneten Einbuſse ebenso anzuzweifeln, wie der Modus, durch den man zu ihr gelangt war. Die Anklage rechnete nämlich: es sind in den Jahren bis 1698 17965 Last $5^1/_2$ Tonnen geliefert, und es war ein Bestand von 813 Last da; nun kostete aber die Last lüneburgischen Salzes mit dem Transport bis zur Elbe 19 Thlr. 12 Gr., halleschen 29 Thlr. 21 Gr. 2 Pf. bis nach Aken und von dort noch 3 Gr. mehr Fracht; also sind 197299 Thlr. 9 Gr. 4 Pf. verloren gegangen. An sich ganz richtig, gründete die Rechnung sich nur leider auf falsche Prämissen; denn eben die Preisziffern, die sie voraussetzt, waren unrichtig: noch 1686 war nach den halleschen Salzakten[2]) der Status der, daſs im Mittelpreise eine Last lüneburgischen Salzes 26 Thlr. 12 Gr. und eine Last halleschen mit dem Transport nach Aken 17 Thlr. 5 Gr. 5 Pf. kostete[3]), die Fracht von Aken nach den märkischen Faktoreien aber nicht allein der von der Unter-Elbe, sondern der von Lüneburg selbst in den Kosten gleichkam. Nun hatte allerdings nach 1688 die Einführung der Bleipfannen, von der man später zurückgekommen ist, die Herstellung des halleschen Salzes verteuert[4]), nimmermehr aber eine solche Preisverschiebung veranlaſst, wie sie aus jenen Zahlen hervorging. Diese mögen dadurch gewonnen sein, daſs man etwa den Unterschied des halleschen und des lüneburgischen Tonnengewichts vernachlässigte[5]), oder für das einheimische Produkt die höchsten, für das fremde die niedrigsten Preise anstatt eines gleichmäſsigen Durchschnittes ansetzte, oder unrichtiger Weise den Rückgang, den der Preis der hannoverschen Erzeugnisse durch den Verlust des brandenburgischen Marktes erfahren haben mag, anrechnete

---

[1]) Durch Deklarationen vom 22. Febr. und 25. Okt. 1689 s. Clamageran, Histoire de l'impôt en France III. (1876) S. 10. Anm. 3.

[2]) Auf diese gründet sich das handschriftliche Werk Dunkers über die halleschen Salzwerke, aus dem diese Angabe (II. S. 264 f.; wiedergegeben bei Schwetschke S. 45 f.) stammt.

[3]) Beide nach lüneburgischem Gewicht, die Tonne zu $22^1/_2$ Lispfund.

[4]) S. Schwetschke S. 21.

[5]) Eine Tonne halleschen Salzes nach halleschem Gewicht kostete 1686 24 Thlr. 19 Gr. — also 7 Thlr. 14 Gr. 5 Pf. mehr als eine nach lüneburgischem Gewicht!

— ihre Unzuverlässigkeit ist dann später zur Evidenz dadurch erwiesen, dafs Kraut, auf dessen Anklagekonto die 200000 Thlr. natürlich auch figurierten, nach nochmaliger Prüfung der Salzrechnungen zu einem ganz andern Resultat kam. Der wies seinerseits aus ihnen nach[1]), dafs die Herstellungskosten nie den Preis des lüneburgischen Salzes überschritten hatten, und erbot sich noch nachträglich als Pächter das in diesen Jahren in die Mark eingeführte hallesche Salz für 21 Thlr. — für die Last einschliefslich des Transportes zur Elbe — zu liefern, ein Geschäft, das am wenigsten Kraut ohne die besten Gründe vorgeschlagen hätte, selbst wenn es sich um seine Rechtfertigung handelte. Und also zerrinnen bei näherer Betrachtung auch die anderen 200000 Thaler, die die Beschuldigung kunstvoll zusammengerechnet hatte.

Verursachte nun auch die Versorgung der Mark mit dem magdeburgischen Produkte nicht übermäfsige Kosten, so gab es doch ein natürliches Hülfsmittel, sie noch weiter herabzumindern, dessen Ausnutzung zugleich dem gesamten Handel der Provinz aufs wirksamste gedient hätte: es war die Wasserstrafse der Saale, zu deren Schiffbarmachung es nur einer nicht allzu kostspieligen Regulierung bedurfte[2]). Durch sie ersparte man den unverhältnifsmäfsig teueren Transport des Salzes zu Wagen nach der Elbe; des weiteren hatte man auch die dann erleichterte Herbeiführung thüringischer Bruchsteine zu den grofsen vom Kurfürsten projektierten Bauten in Berlin im Sinn; die Vorteile auch für den allgemeinen Verkehr leuchteten ein. Die alten Schleusen waren unter dem heillosen Regiment der Administratoren, die abwechselnd aus den jüngeren Söhnen der benachbarten Fürstenhäuser erwählt durch keine dynastischen Interessen an das Land gefesselt waren, gänzlich verkommen; sie zu erneuern hatte schon der Grofse Kurfürst in Aussicht genommen; nach dem Thronwechsel schritt man trotz des Krieges mit Eifer zur Verwirklichung des Planes; während der Belagerung von Bonn wurde Nehring nach Halle entsandt, wieder vor allem auf Krauts Drängen. Der kurfürstliche Oberbaudirektor entwarf ein Projekt, das die Anlage von 6 hölzernen Schleusen proponierte und die Kosten auf 40000 Thaler anschlug. Da man dabei aber die Schleusen alle dreifsig Jahre hätte erneuern müssen, wurde ein späterer Plan, der sie aus Steinen zu bauen vorschlug und den dreifachen Betrag annahm, vorgezogen. Als in dem feuchten Sommer von 1692 die Frachtkosten für die Tonne von der gewöhnlichen Durchschnittshöhe von 6 — 8 Groschen auf 12 stiegen, wurde der Bau beschlossen. In denselben Tagen, da zu Halle die feierliche Eröffnung der Universität stattfand,

[1]) S. Beilage II. 2 Punkt 4.
[2]) S. Schmoller Studien Jahrb. Bd. X. S. 686 ff.

konnte vom Kurfürsten auch der Grundstein zur ersten Schleuse in Trotha gelegt werden (1. — 3. Juli 1694); nach drei Jahren waren alle sechs vollendet. Bis dahin behalf man sich mit Transportkähnen, die auf die Strecken zwischen den hinderlichen Mühlenwehren vertheilt waren und zwischen je zweien von diesen hin- und herfuhren, ein Frachtgeschäft, das einer zu diesem Behufe besonders begründeten [1]) Gesellschaft übertragen wurde.

Auch der Saalschleusenbau nun sollte nach der gegen Danckelman erhobenen Anschuldigung von dem leitenden Minister nur seines privaten Vorteils halber ins Werk gesetzt sein, das Unternehmen nur begonnen sein, damit das Wettiner Werk seine Steinkohlen billiger befördern könne. Eine — von allem Anderen abgesehen — auch in ihrer Voraussetzung nicht ohne Einschränkung zuzugebende Behauptung. Gewifs für den Holzbezug, wie für den Vertrieb der Wettiner Erzeugnisse nach Halle gewährte die Saalregulierung den gröfsten Vorteil; aber daran partizipierte die fiskalische Saline, die jene brauchte, in hervorragendem Mafse, da ihr, als der bei weitem gröfsten Konsumentin, die Verbilligung der Fabrikation wie des Transportes der Kohlen auch am meisten zu gute kam. Mit dem Export nach der anderen Seite aber, den Strom abwärts, hatte die Gewerkschaft die übelsten Erfahrungen gemacht. Danckelman wies darauf hin, dafs, als man einmal zur Probe hundert Wispel nach Hamburg geschickt hatte, es sich ergab, dafs trotz des Krieges die schottischen Steinkohlen dort noch billiger verkauft wurden, als die Wettiner an der Grube. Obgleich Danckelman von den Fürsten aller Elbuferstaaten Zollfreiheit erwirkt hatte, verlor man an der kleinen Sendung noch eine beträchtliche Summe. Selbst wenn die Gewerkschaft aber von dem Bau Vortheil hatte, so lag das durchaus in seinem Zweck und entsprach den ebenso richtigen Mafsnahmen, mit denen man ihr sonst zu Hülfe kam. Am wenigsten hätte man von dem Minister verlangen können, entweder die Stromregulierung zu unterlassen, oder deswegen aus der Gesellschaft auszutreten: das eine würde dem ganzen Lande geschadet, das andere das eben mühsam gerettete Bergwerk dem Untergange entgegengeführt haben; denn dieses hat auch nach all den Zuwendungen, die von der Anklage als so beträchtliche hingestellt wurden, kaum sein Dasein gefristet. Danckelman selbst hat von seinen Anteilen nie auch nur einen Pfennig Zinsen erhalten [2]), ebensowenig als von den nicht unbedeuten-

---

[1]) Noch vor 1694; sie war schon ein Jahr früher in Thätigkeit und beförderte in diesem bereits 8000 Tonnen.

[2]) Bittschrift Danckelmans an den Kurfürsten vom 4. Juli 1700 mit einer beigelegten Spezifikation seines Vermögens.

den[1]) Darlehen, mit denen er die Gewerkschaft unterstützte. Und noch 1702 liefs das Rothenburger Bergamt eine Schrift erscheinen, die von dem Zustande des Unternehmens eine freilich nicht ungünstige Schilderung entwarf, immerhin aber das Beste erst noch von der Zukunft erwartete[2]).

Wie immer es aber mit Danckelmans persönlichem Interesse an dem Bau stehen mochte, die Ankläger sahen ein, dafs ihre Beschuldigung in sich zusammenfiel, wenn nicht zugleich ein dem Staate dadurch zugefügter Schaden nachgewiesen wurde. Und vor dem Versuche wenigstens scheuten sie auch keineswegs zurück. Sie behaupteten, es sei zu teuer gebaut, man hätte lieber Holzschleusen anlegen sollen: die 128 000 Thlr., die darauf verwandt worden waren, seien ein verlorenes Kapital[3]) — Einwürfe, allesammt eigentlich kaum der Widerlegung wert. Der letzte widersprach, abgesehen von der — merkantilistischen Wirtschaftsprinzipien wenig entsprechenden — kleinlichen Anschauung über die Aufgaben des Staates, den Thatsachen: die Rothenburger Gewerkschaft, der nach Vollendung der Schleusen durch ein fast monopolartiges Privileg[4]) ein Teil der Schiffahrt auf der Saale ausschliefslich übertragen war, zahlte 1698 zwar nur 2000, 1702 aber schon 9000 Thlr. Pacht, eine Summe, die zusammen mit den Ersparnissen der Saline wohl zur Verzinsung jenes Betrages hinreichte[5]). In der Bemessung der Kosten aber war man eher noch zu sparsam gewesen; es wurden später noch Klagen laut, dafs das Stromgefälle noch zu stark, die Schiffahrt noch nicht völlig erleichtert sei[6]). — Gegen die An-

---

[1]) S. o. S. 71 Anm. 4.

[2]) Zwantzigk V. Tit. 5. Kap. 8.

[3]) Selbst die vollständige Überflüssigkeit der Anlage wollte man nachweisen, indem man wiederum falsche Zahlen vorführte. Man behauptete, der Transport auf der Achse nach Aken habe für die Tonne 4—5 Groschen gekostet, gegen 6 Groschen auf dem regulierten Strome. Nach Danckelmans Entgegnung traf jene Ziffer nur für Zeiten starker Hitze oder harten Frostes zu, während bei feuchtem Wetter und schlechten Wegen die Frachtkosten auf 6, 7, 8, ja 10, 12 Groschen stiegen. Von den an zweiter Stelle verrechneten 6 Groschen waren 3 Groschen Schleusengeld.

[4]) Vom 2. Aug. 1697 (abgedruckt bei Mylius, Corp. Const. Magdeburg. V. S. 282 f.). Am selben Tage war es nach dem Geheimen Rate — ein Beispiel von der Thätigkeit eines engeren Konseils auch in inneren Angelegenheiten — von dem Oberpräsidenten dem Generalkommissar und Fuchs zur Billigung vorgelegt und, nachdem Danckelman ihre Bedenken wegen des monopolistischen Charakters beseitigt hatte, von ihnen approbiert worden. (G.-R.-Prot. dieses Tages.) Wegen dieser Zustimmung von Fuchs vermutlich ist das Privileg nicht unter das Anklagematerial aufgenommen worden, was zunächst auffällt.

[5]) Kraut hat auch für die Saalschleusen die Unrichtigkeit der Verlustberechnungen der Anklage aus den Akten dargethan und sich auch hier zu einer nachträglichen Pachtung für 7000 Thlr. erboten. S. Beilage II. 2 Punkt 5.

[6]) Zwantzigk V. Tit. 6. Kap. 1.

schuldigung überhaupt machte Danckelman auch hier den formalen Einwand, dafs angesichts eines Plenarbeschlusses des Geheimen Rats, der auf Knyphausens Referat hin gefafst und auch seitens des Hofkammerkollegiums ohne Widerspruch geblieben sei, die Verantwortung ihn allein nicht treffe.

Aber auch davon abgesehen, erkannte die Kommission doch, dafs ein zureichender Beweis in dieser Sache nicht erbracht sei — und damit fällt auch die letzte der drei grofsen Beschuldigungen dahin.

Viel geringfügiger sind die übrigen Anklagen dieser Kategorie. Von einiger Bedeutung war nur, dafs Danckelman in Bezug auf die Erteilung eines Monopolprivilegs für den Holzhandel an den Leiter der kurfürstlichen Marine, Raulé, eine zum mindesten gewinnsüchtige Behandlung öffentlicher Geschäfte zum Vorwurf gemacht wurde. Der rührige Mann hatte auf den übermäfsigen Holzschlag in der Mark aufmerksam gemacht und durchgesetzt, dafs ihm der gesamte Holzexport gegen die Hälfte des Gewinnes in Generalentreprise gegeben wurde. In der üblichen Art wollte Raulé auch den höchsten Beamten des Staats für das Unternehmen interessieren, indem er vorschlug, der Oberpräsident solle sowohl von seinem Anteil, als dem des Kurfürsten wiederum die Hälfte erhalten. Obgleich Friedrich zustimmte, lehnte Danckelman dies entschieden ab, und es war dann von der Sache nicht weiter die Rede, bis Raulé — zwei Tage vor der Abreise des Hofes nach Preufsen — im Februar 1697 eine Abrechnung vorlegte, die den Ausweg traf, dafs des Kurfürsten Hälfte ungemindert blieb, er selber dagegen ein Viertel seines Anteils, also ein Achtel des Ganzen, an den Oberpräsidenten abgab. Es sei damals — so schliefst Danckelmans Darstellung — in der Eile nicht zur Erledigung gekommen; er habe auch das nicht anzunehmen gedacht. Raulé, der in dieser Angelegenheit ebenfalls zur Verantwortung aufgefordert wurde, wies zunächst[1]) der Behauptung gegenüber, dafs das Unternehmen dem Lande höchst schädlich gewesen sei — man hatte sie auch gegen Danckelman vorgebracht — darauf hin, dafs der Grofse Kurfürst für die Jahre 1686—1687 ein ganz ähnliches Privileg erteilt hatte. Im Übrigen weicht seine Schilderung von Danckelmans Bericht insofern ab, als er es so erscheinen läfst, als habe er dem Kurfürsten die Verteilung des Gewinnes ganz anheimgegeben und als sei jene Quotisierung[2]) dann

---

1) Schreiben Raulés an den Kurfürsten vom 16. April 1698.

2) 10383 Thlr. 8 Gr. fielen nach der dem Bericht Raulés beigelegten Berechnung dem Kurfürsten zu, 2596 Thlr. 8 Gr. dem Oberpräsidenten, 7789 Thlr. 1 Gr. dem Unternehmer, der im Namen der Afrikanischen Kompagnie handelte. Die Rechnung bezieht sich auf die Jahre 1693 bis 1697.

auf des Oberpräsidenten Vortrag hin[1]) von Friedrich festgestellt worden. Wie immer es sich damit verhalten mag, die beabsichtigte Zuwendung war jedenfalls mit Wissen und Willen des Kurfürsten in Aussicht genommen worden, und nichts verhindert die Annahme, dafs Friedrich auch bei dieser Gelegenheit, wie so oft, dem begünstigten Minister eine Gnadenerweisung aufgedrungen hat. Die Kommission war der Ansicht, ein Urteil über Danckelmans Schuld werde sich erst aus den Rechnungen gewinnen lassen; das kann sich indessen nur auf den angeblich dem Staate zugefügten Schaden beziehen: an einen unrechtmäfsigen Gewinn Danckelmans konnte auch sie nicht mehr denken.

Bei einigen anderen Punkten vermischte sich die Unterstellung persönlicher Bereicherung mit dem Vorwurfe amtlicher Fehlgriffe. — Von den Glas- und Kupferwerken zu Neustadt a. d. Dosse[2]) wurde behauptet, der zum Zweck ihrer Anlage mit dem Landgrafen von Hessen-Homburg abgeschlossene Vertrag über die Abtretung des Amtes Neustadt a. d. Dosse sei unvorteilhaft gewesen und von dem Minister nur einer für ihn dabei ausbedungenen Zuwendung wegen zu Stande gebracht worden; auf seine Veranlassung sei der Kurfürst durch betrügerische Manipulationen über die Ergebnisse des Betriebes getäuscht worden. Bei dem Verkaufe zunächst war der Hergang der folgende gewesen. Schon vor 1694 war Danckelman an einer Gewerkschaft, die in Neustadt ein Schmelzwerk betrieb, beteiligt gewesen und der Landgraf hatte ihr, um dem Minister eine Gefälligkeit zu erweisen, den Gebrauch eines dort in seinem Besitze befindlichen, aber unbenutzt gelassenen Hochofens verstattet — wie er ursprünglich beabsichtigt hatte, ohne Entschädigung, auf Danckelmans Veranlassung aber gegen eine jährliche Pacht von 400 Thalern. Als nun der Kurfürst das Amt erwarb, wollte der Landgraf wenigstens jetzt dem Oberpräsidenten die freie Nutzniefsung des Hochofens ausmachen und, da dieser wiederum ablehnte, befahl Friedrich selbst, er oder die Gewerkschaft solle fortan nur die Hälfte der Summe zahlen. So lautete die Darstellung der Verantwortung; der Kommissionsbericht überläfst es angesichts des persönlichen Eingriffs des Herrschers diesem, sich über die Angelegenheit zu erklären. Hinsichtlich der Rentabilität der

---

1) Dieser Punkt, der Danckelmans Angaben geradezu widerspricht, ist auch der zweifelhafteste; denn die Vorgänge im kurfürstlichen Kabinet entzogen sich doch Raulés Kenntnis.

2) S. o. S. 31 f. Akten über „Anschlag, Ankauf, Übernahme und Verwaltung des Amts Neustadt a. d. Dosse“ finden sich in dem ehemals der Königl. Bibliothek zu Berlin angehörigen Collektaneenbande mit diesem Titel (Ms. bor. Nr. 510, jetzt im Geh. Staatsarchiv), sind indessen für Danckelmans Angelegenheit kaum zu benutzen.

Anlage führte Danckelman aus, daſs die 200000 Thaler[1]), die man darauf verwandt hatte, einen Ertrag von 10—12000 Thlr. aus den Werken und 6000 Thlr. aus dem Amt abwarfen, sich mithin sehr wohl verzinsten. Nur waren diese Einkünfte in den ersten Jahren noch nicht voll eingegangen, weil sie groſsenteils noch selbst wieder zu Anschaffungen für das Unternehmen gebraucht und weil andrerseits ein Teil der Erzeugnisse noch nicht verkauft worden war.

Den Vorwurf, nicht allein Goldmacherei getrieben, sondern auch dem Kurfürsten vorgespiegelt zu haben, man gewinne in Neustadt Gold, wies Danckelman zunächst mit der Erinnerung daran zurück, daſs er den Kurfürsten von Jugend auf vor diesen alchymistischen Künsten — sie waren die Krankheit der Zeit und selbst Friedrich Wilhelm war ihr noch erlegen — gewarnt habe. Die spezielle, ihn des gemeinsten Betruges zeihende Beschuldigung aber führte er darauf zurück, daſs er einmal dem Kurfürsten ein Stück Gold irrtümlich als in Neustadt ausgeschmolzen gezeigt habe, das in der That in Wernigerode, übrigens aber aus denselben ostindischen Erzen gewonnen war, die auch in dem einheimischen Werke bearbeitet wurden[2]).

Wenn man des weiteren noch die Versuche eines abenteuernden Ingenieurs, der eine neue, insbesondere für artilleristische Zwecke verwertbare Erzbereitungsart gefunden haben wollte und auf Staatskosten sein Experiment zu Neustadt angestellt und eine Probe dem Kurfürsten zu Köpenick vorgeführt hatte, Danckelman aufbürden wollte, so konnte er sich darauf berufen, daſs der Mann ihm aus der Umgebung des Grafen Waldeck empfohlen worden war, daſs er selbst sich an einer zu Wernigerode zur Verwertung des Verfahrens begründeten Gewerkschaft beteiligt hatte, und daſs man sich wegen des erlittenen Nachteils — die Erfindung hatte sich zwar nicht als Trug, aber wegen der zu hohen Kosten als unbrauchbar herausgestellt — an dem Urheber schadlos halten könne. Von Goldmacherei war auch hierbei niemals die Rede gewesen und Danckelman war ebenso wie der Kurfürst hintergangen und geschädigt worden.

Den würdigen Beschluſs dieser Kategorie macht die Insinuation, Danckelman habe ein Wertpapier — man sagte nicht

[1]) Eingerechnet das in Tausch gegebene, für industrielle Zwecke höchst unbequem — in einer Ecke des Herzogtums Magdeburg am Drömling — gelegene Amt Oebisfelde.

[2]) Genau dieselbe Spiegelfechterei wurde Danckelman in Bezug auf den preuſsischen Bernsteinfang zur Last gelegt — bei einer Besichtigung des Fanges am Strande sollte er dem Kurfürsten besonders groſse Stücke, die vorher bereit gehalten seien, in die Hände gespielt haben. Danckelman wies nach, daſs er bei dieser Besichtigung überhaupt erst ankam, als der Hof eben zur Rückkehr aufbrach. Man hat die infame Insinuation denn auch fallen lassen.

gerade unterschlagen — „behalten“. Der Oberst Dörffling hatte eine auf einen schwedischen Schuldner lautende Obligation von 26 000 Thalern, die er nicht eintreiben konnte, dem Kurfürsten cediert. Da man es für der Würde des Monarchen nicht angemessen hielt, in einem fremden Staat als Gläubiger aufzutreten, wurde dem Obersten befohlen — wie er selbst ausgesagt hat[1]) — eine neue Cession auf Danckelmans Namen auszustellen; dieser hat dann mit der Verwertung des Papiers ebensowenig Erfolg gehabt, wie der frühere Besitzer. Und bei diesem Thatbestande noch nach zwei Jahren fortgesetzter Durcharbeitung des Prozefsmaterials eine so infamierende Beschuldigung, wie die Annahme, dafs Danckelman jenen Befehl gefälscht habe! Freilich das Zeugnis Friedrichs anzurufen, hatte man in keiner der an ihn gerichteten Anfragen für nötig gehalten; erst jetzt ging die Meinung der Kommission dahin, dafs, wenn auch der König die Darstellung Danckelmans bestätige, ein Verdacht dieser Sache wegen nicht mehr bestehe.

Neben diese Anklagen gegen Danckelmans „Malversationen“ auf dem Gebiete der inneren Verwaltung tritt eine Reihe von solchen, die ihr Material seinen Beziehungen zu den auswärtigen Fürsten und Regierungen entnehmen. Sie ist zwar nicht eben so lang wie die erste, doch würde auch von ihr jeder einzelne Punkt genügen, dem Angeschuldigten die Ehre abzuschneiden — nur dafs sie alle noch schlechter, wenn dies möglich, fundiert sind, als jene.

Noch am begreiflichsten ist, dafs die Schwiebusser Angelegenheit hier vorgebracht wurde — die parteiische Darstellung des Kurfürsten von der Entstehung des Reverses von 1686 mufste ja die Anschauung selbst der Eingeweihtesten dermafsen verwirren, dafs die Vermutung versteckter Motive privater Natur hier sehr nahe lag; hat doch jene einseitige und falsche Version selbst die auf ursprünglicher Kenntnis beruhende historische Auffassung unserer Tage bis vor kurzem[2]) beherrscht! Nur waren die Ankläger ganz auf der falschen Fährte, wenn sie meinten, die Retradition sei durch Bestechung des leitenden Ministers vom Kaiser herbeigeführt worden. Denn was auch gehässige Deutung in die Vorgänge, die man als Beweis dieser Behauptung anführte, hineininterpretieren mochte, zu leicht war die Widerlegung. Zunächst war es Danckelmans gutes Recht, nachdrücklich zu betonen, wie hartnäckig er dem Plane der Rückgabe widerstanden habe. Seine Vorstellungen in dieser Richtung waren bis hart an die Grenze gegangen, die einzuhalten ihm seine Stellung

---

[1]) Ber. des Obristen v. Dörffling, Gusow 19. Dez. 1698.

[2]) Da sie durch Přibrams a. a. O. citierte Schriften endgiltig beseitigt wurde.

gebot[1]); sie hatten ihm von Seiten seines kurfürstlichen Herrn schroffe Zurückweisungen eingetragen, und wenn dann schon 1689 im Geheimen Rate prinzipiell die Rückgabe des Kreises an den Kaiser beschlossen[2]) und nach vielen Wandlungen und langen dilatorischen Verhandlungen endlich fünf Jahre später ausgeführt wurde — auf Bedingungen hin, die noch über das zuerst Erstrebte hinausgingen[3]), so ging das allein auf den entschiedenen Willen des Herrschers zurück. Danckelman galt noch dem Grafen Kolowrat, der 1693 und 1694 in besonderer Mission zu Berlin erschien, als ein Gegner der österreichischen Forderung[4]). Nur war es seine Pflicht, die Räte, die eben so dachten, namentlich Fuchs, immer wieder an die unerschütterliche[5]) Absicht des Kurfürsten zu erinnern. Diesen allein trafen im Grunde die allgemeinen Anschuldigungen, die

---

[1]) Seit der ersten Eröffnung habe er, so schreibt Danckelman im Vorbericht, dem Kurfürsten die Annullierung des Reverses angeraten, aber dabei „tausend chagrins gehabt" und nur erreicht, daſs an den Fürsten von Anhalt, den einzigen Mitwisser (vgl. Fridags Bericht vom 12. März 1686 Přibram, 1686—1688 S. 99), ein Schreiben gerichtet wurde, so hart „wie es immer gesetzet werden können" — eine Mitteilung, die das (bei Droysen IV. 4 S. 187 f. abgedruckte) offizielle Schreiben an den Statthalter und die Geheimen Räte vom 9. Sept. in ein merkwürdiges Licht rückt. Selbst dem Geheimen Rate die Angelegenheit zur Entscheidung vorzulegen, was Danckelman des weiteren vorschlug, weigerte sich Friedrich zuerst und wies ihn in „harten und ungnädigen expressiones" ab. Von den zuerst allein Eingeweihten war Fuchs vor allem seiner Hinneigung zu Frankreich wegen (s. Přibram 1688—1700 S. 40 f.) gegen die Retradition; der jüngere Schwerin war aus persönlichen Gründen derselben Ansicht. Danckelman beschuldigt ihn (Vorber. Art. 15), ob mit Recht weiſs ich nicht, er habe sich von ihnen allein bestimmen lassen: er sei zuerst dafür gewesen, dann habe er sich erkundigt, ob das Gehalt von 200 Thalern, das seinen Vorfahren schon als Verwesern von Crossen wegen Schwiebus zugelegt worden war, nach einer eventuellen Rückgabe des Kreises fortfallen werde, und als ihm Danckelman dies bejaht, sei er fortan der entgegengesetzten Meinung gewesen.

[2]) Protokoll vom 11. Nov. 1689. Das Conclusum ging dahin, zunächst für Schwiebus ein territoriales Äquivalent zu fordern — die früher beanspruchten Lande – sodann aber sich für befriedigt zu erklären, wenn nur die Prätensionen in integrum restituiert würden und die Geldentschädigung dem Kurfürsten verbliebe. Ein Beschluſs, der zu den (bei Přibram S. 48 f. mitgeteilten) Verhandlungen dieser Zeit eine um so denkwürdigere Ergänzung bildet, als Brandenburg weder damals, noch in den nächsten Jahren darauf sich der Hofburg gegenüber so nachgiebig zeigte, wie er es erwarten läſst.

[3]) Verglichen mit dem eben erwähnten Beschluſs trug die Einigung von 1694 Brandenburg ein Mehr in der Bewilligung des herzoglichen Titels von Preuſsen und der Anwartschaft auf Ostfriesland ein.

[4]) Nach Danckelmans Aussage; s. Droysen IV. 4 S. 98 f.

[5]) Darauf allein hat Fuchs in seiner späteren Aussage (vom 9. Jan. 1700) seine Angaben beschränkt. Er sei der Retradition allezeit sehr zuwider gewesen, heiſst es dort, und habe darüber viele harte contestationes gehabt, insonderheit einmal in des v. Meinders Hause, „der Herr Oberpräsident hat allezeit allegieret, daſs S. Ch. D. den Revers nicht brechen wollten."

namentlich Fuchs und Schwerin in ihren Denkschriften gegen Danckelman gerichtet hatten, und Friedrich hat das denn auch in seiner ersten Deklaration selbst zugegeben [1]). Nicht minder konnten auch die positiven Verdächtigungen, als sei der Oberpräsident durch Geld für das kaiserliche Interesse gewonnen worden, entkräftet werden. Wie nichtig die an die Ernennung des jüngeren Danckelman zum Reichshofrat geknüpfte Anklage war, die auch an dieser Stelle figuriert, ist schon zuvor [2]) erörtert worden; ein Geschenk von 10000 Thalern hatte Danckelman mit Bewilligung des Kurfürsten vom Kaiser angenommen, als Gunsterweisung nicht für die Verhandlungen über Schwiebus, sondern für die Förderung der Readmission der böhmischen Kurstimme — ein Akt der diplomatischen Courtoisie, wie er noch heute in etwas anderer Form gebräuchlich ist; das Kniggesche Lehngut endlich, dessen Verleihung an Nicolaus Bartholomäus und Eberhard Danckelman das gewichtigste Argument für den Beweis der Bestechung liefern sollte, war dicht vor der Retradition vakant geworden und hätte als im Kreise Schwiebus gelegen dem Kaiser übergeben werden müssen; da traf man den Ausweg, dafs eine dem Gesandten Danckelman schon lange vom Kurfürsten zugesagte Belohnung ihm in der Gestalt zugewandt wurde, dafs jene Besitzung ihm [3]) und zu gesamter Hand auch seinem Bruder auf Veranlassung Friedrichs vom Kaiser zu Lehen gegeben wurde. Schon die Exspektanz auf die Verleihung war erst, nachdem man in Berlin den endgiltigen Beschlufs zur Rückgabe des Kreises gefafst hatte, erteilt worden. Diesen Aussagen Danckelmans gegenüber, die eidlich zu erhärten er sich erbot, liefs die Kommission, ohne weiter das Zeugnis Friedrichs anzurufen, die ganze Anschuldigung fallen.

Noch weit klarer lagen die Dinge bei den übrigen Punkten dieser Art: das Zollprivileg, das der Herzog von Schwerin, ebenso wie die Fürsten der übrigen Elbuferstaaten, Danckelman für die Wettiner Steinkohlen erteilt hatte, war von der Anklage mit dem Verhalten Brandenburgs zu dem Mecklenburgischen Erbfolgestreit in ursächlichen Zusammenhang gebracht worden; aber die Verleihung hatte nachweislich vor 1694 [4]) stattgefunden, und die Güstrower Erbschaft war erst 1695 eröffnet worden.

---

[1]) In der bekannten, zuerst bei Droysen IV. 4 S. 176 mitgeteilten Marginalantwort: „Ist in so weit wahr, weil ich einmahl meine parohl engagiret."

[2]) S. o. S. 56 f.

[3]) In dessen Eigentum es denn auch kam. S. die Tabelle der Danckelmanschen Güter Förster Urk. I. S. 6, unter denen es sich nicht befindet.

[4]) In dieses Jahr war die oben (S. 78) erwähnte Kohlensendung gefallen.

Derselben Gruppierungsart bediente man sich, um darzuthun, dafs ein mit dem Herzog von Celle über den Erlafs rückständiger Römermonate im Jahre 1695[1]) abgeschlossener Vertrag von Danckelman herbeigeführt sei, weil ihm — bereits 1692 — von dem Gesamthause Braunschweig-Lüneburg die Anwartschaft auf die Grafschaft Spiegelberg geschenkt worden war. Es war, auch abgesehen von dem langen dazwischen liegenden Zeitraum, eine wenig begründete Insinuation, da die Annahme des Geschenkes mit Wissen und Willen Friedrichs geschehen war. Auf dessen Befehl wurde denn auch dieser Punkt zuletzt fallen gelassen; die Beschuldigung wegen der Zollerleichterung wagte die Kommission selbst — in dieser Entschiedenheit ein seltener Fall — für „unter diesen Umständen wenig gravierend" zu erklären.

Es scheint fast in der Absicht, keinen Zweig der Staatsverwaltung unberührt zu lassen, geschehen zu sein, dafs man auch die Justiz als durch Danckelman gehemmt und geschädigt darstellte. Mochten nun die Ankläger selbst die zum Beweise dieser Behauptung vorgebrachten Quisquilien[2]) für unzureichend halten, man zog unter diese Rubrik zwei Angelegenheiten, von denen sicherlich die eine, vielleicht auch die andere, wenn sie überhaupt eine sichere Basis für irgend ein gerichtliches Verfahren boten[3]), immer nur zu einem privaten Rechts-

---

[1]) Vertrag vom 26. Nov. 1695. Es handelt sich um die für den Reichskrieg auf Lauenburg fallenden Römermonate. Sie waren Brandenburg übertragen worden und hätten von dem Lüneburgischen Hause, das 1689 Lauenburg in Besitz genommen hatte, getragen werden müssen. Von den zweimal 28800, also 57600 Thlrn. waren 19200 Thlr. bezahlt. Celle wollte anstatt des Restes nur 10000 Thlr., die Danckelman gleichsam als Geschenk erhalten sollte, und für das Übrige nur eine unsichere Anweisung auf das Land Hadeln zugestehen. Da nicht mehr herauszuschlagen war, gab man schliefslich nach. Die Annahme dieser Summe von Seiten Danckelmans, auf Andringen des Kurfürsten selbst geschehen, ist in der Anklage des Peitzer Protokolls nicht ungenutzt geblieben, aber von der Kommission in ihre Übersicht nicht einmal aufgenommen.

[2]) S. Art. 217 der Beilage I.

[3]) Ein Prozefs Bex wider Danckelman wäre schwerlich zu Gunsten des ersteren ausgefallen, da er einen von ihm selbst ohne äufseren Zwang unterschriebenen Vergleich als nichtig anfocht, weil er nur aus Rücksicht auf die mächtige Stellung des Oberpräsidenten darauf eingegangen sei — ein Einwand, der keine Klage begründet („metus reverentialis" des gemeinen Rechts, s. Dig. fr. 2. 3, § 1. 5. 9 pr. quod metus causa IV. 2). Durch den formal mithin unanfechtbaren Vertrag war der Mann indessen sehr geschädigt worden: er hatte an den verstorbenen Administrator einen Weinberg bei Halle verkauft gegen Ausstellung einer Anwartschaft auf ein Salzgut; ehe diese realisiert werden konnte, starb der Administrator, und sie wurde zwar von Friedrich Wilhelm, nicht aber von Friedrich III. erneuert. Das Kott, um das es sich handelte, ward vielmehr an Danckelman verliehen, der, obwohl dazu nicht verpflichtet, Bex durch Auszahlung von 2180 Thalern entschädigte gegen Ausstellung eines ausdrücklichen Verzichts. Die ganze Angelegenheit war durch Krauts Hände gegangen; Bex selbst hat gestanden, dafs er

streit zwischen Danckelman und den angeblich Geschädigten Veranlassung gegeben hätten, niemals aber in einem öffentlich rechtlichen Prozefs zur Verhandlung kommen durften. In der ersten Sache, die auf die Beschwerden des sächsischen Kammerrates von Bex zurückging, hatte die zu ihrer Entscheidung eingesetzte besondere Kommission schon vor längerer Zeit ihre Ansicht auch dahin ausgesprochen, dafs sie vor den ordentlichen Richter gehöre [1]), der König hatte diesen Ausspruch gebilligt [2]), dennoch kehrte sie auch in der Übersicht von 1702 wieder, freilich mit demselben Vermerke versehen. Die andere Angelegenheit, ähnlicher Art, wenn auch hier die Forderung eines Privaten an Danckelman von der halleschen Kammer übernommen worden war, war durch die Nachlässigkeit Krauts herbeigeführt, der als Mandatar die Verpflichtung seines Herrn nicht erfüllt hatte. Sie war nach der Ansicht der Kommission durch nachträgliche Zahlung des Betrages leicht zu erledigen.

Wir sind am Ende der langen Reihe der Anklagen angelangt; neben die gröfsten Interessen des Staates auch hier Kleinstes und Kleinlichstes zu stellen, es wenigstens nicht zu übergehen, war notwendig, sollte von der schmählichen Ungerechtigkeit dieses unseligen Verfahrens ein getreues Bild gegeben, sollte von dem blanken Schilde der Ehre dieses Mannes, dessen Verdienste ein ungetrübtes Andenken wohl fordern können, jeder, auch der kleinste Flecken getilgt werden. Denn daran kann nicht der geringste Zweifel bestehen, dafs von allen diesen Anschuldigungen auch nicht eine bei unparteiischer Prüfung bestehen bleibt; ja, mir scheint, als könne nicht einmal der Vorwurf eines sittlichen Fehls an irgend eine von ihnen geknüpft werden, geschweige denn, dafs sich bei gründlicher Voruntersuchung in dem gesamten Anklagematerial eine rechtliche Handhabe auch nur zur Anstrengung eines Prozesses hätte finden lassen.

Urteil und Strafe.

Man kann nicht verkennen, dafs dies klägliche Resultat eines fünfjährigen Verfahrens auch durch die Hülle, mit der es zu umkleiden trotz allem Mannesmuth insbesondere des

---

nicht glaube, Danckelman habe den ganzen Sachverhalt gekannt (Ber. des Kommandanten von Peitz an den Kurfürsten); ein solches Zeugnis gewann sich ein Mann ab, dem der Verlust des gröfsten Teils seines Vermögens, wie aus seinen zahllosen Bittschriften hervorgeht, das Leben ganz und gar verbittert hatte!

[1]) Ber. von Schwerin, Rhetz, Brandt, Chwalkowsky, Berchem an den König vom 22. Febr. 1701.

[2]) Reskr. des Königs vom 28. Febr. 1701.

wackeren Duhram der Kommission die Rücksicht auf den Monarchen gebot, hindurchschimmert. Wie hatte die vorgenommene Sichtung unter den Anschuldigungen des Peitzer Protokolls aufgeräumt! Von seinen 290 Artikeln waren 43, als durch die wenige Monate zuvor erfolgte Erklärung des Königs erledigt, ohne weiteres gestrichen; von 164 wurde bemerkt, es fehle für sie an hinreichendem Beweis oder das bisher beigebrachte Material genüge nicht; bei 58 von diesen Punkten wurde die Möglichkeit des Beweises in Zweifel gezogen, bei 34 überhaupt in Abrede gestellt; bei 6 weiteren Positionen wurde der Verteidigung Danckelmans nichts hinzugesetzt, bei 10 nur der Thatbestand ohne Hinzufügung eines Urteils konstatiert; 5 wurden überhaupt ausgelassen; allein 62 wurden als der richterlichen Entscheidung bedürftig und für sie hinlänglich vorbereitet erklärt: es sind die drei Gruppen, welche die Erwerbung des Meniusschen Gutes, den Erlaſs des Reskripts in der Mindener Münzsache und — die bei der Augsburger Krönung begangenen Fehlgriffe behandeln. Bei der Verweisung der letzten Angelegenheit an den Richter heiſst es doch — zur Ehre der Kommission sei es gesagt —: „bei etwa vorzunehmender Deduktion"; eine der endgiltigen Beurteilung irgendwie in verdammendem Sinne vorgreifende Ansicht ist auch über die beiden ersten nicht ausgesprochen. Bei allen den als ungenügend begründet oder noch nicht hinreichend klar gestellt bezeichneten Punkten aber ist deutlich der Zweifel an der Durchführbarkeit der Anklagen, der Glaube an die Richtigkeit der Behauptungen Danckelmans zwischen den Zeilen zu lesen. Und wer wollte bei Beurteilung der geringen Anzahl von — durchweg unerheblichen — Sachen, zu denen die Kommission ihre Ansicht überhaupt nicht geäuſsert hat, eine festere Stütze für die Aussagen Danckelmans verlangen, als jene Worte Möllers, die für die Wertschätzung der Verteidigung überhaupt den sichersten Anhalt bieten: „Der Herr Oberpräsident ist wohl so genereux, daſs er gestehen wird, was man sonst schwerlich erweisen würde"[1]).

Dies Ergebnis aber, unter wie ungünstigen Umständen hatte es sich Danckelman errungen, wie ungleich waren in dem Streite zwischen Klägern und Angeklagtem Wind und Wetter verteilt gewesen! Freilich die Beschuldigungen, die man an das Zusammengehen Brandenburgs mit Wilhelm von Oranien und an den Plan zur Erlangung der Königswürde zuerst hatte knüpfen wollen, waren aus politischen Bedenken ganz aufgegeben oder nicht in vollem Umfange geltend gemacht worden; aber im Übrigen hatte die Anklage nicht die geringste Rücksicht zu nehmen brauchen: neben den Denk-

---

1) In dem Bericht Duhrams vom 16. Mai 1702 bei Förster Urk. I. S. 11.

schriften vom Januar 1698 hatten ihr sämtliche Akten der obersten Behörden zur Verfügung gestanden und kein Winkel der Staatsverwaltung — so hat Danckelman einmal bitter bemerkt — war undurchstöbert gelassen. Ganz anders der Angeklagte. Ihm hatte man zur Verteidigung die Annahme eines Beistandes zuerst kurzweg abgeschlagen; erst nachdem mehr als zwei Jahre seit dem Beginn des Verfahrens verflossen waren, ward sie ihm gestattet[1]). Eben so lange dauerte es, ehe man seinem Gesuche, zum Zwecke seiner Rechtfertigung korrespondieren zu dürfen, nachgab[2]); als er bat, das in verschlossenen Briefen thun zu dürfen, ward es ihm gestattet, unter der Voraussetzung, dafs der Kommandant von Peitz zuvor davon Einsicht nehmen sollte — eine Bedingung, die die Erlaubnis nutzlos machte. Auf seine erneuten Remonstrationen in diesem Punkte ging man überhaupt nicht ein[3]). Und unter diesen Behinderungen nun hatte der auf der abgelegenen Festung Internierte, dem man zu verschiedenen Malen Papiere und Handakten konfisziert hatte[4]), auf eine Anklage zu antworten, die fast alle Gebiete einer weitverzweigten Staatsverwaltung berührte, einen Zeitraum von fast zehn Jahren umfafste und die mannigfachsten Details vorbrachte. Schlimmer aber war vielleicht noch, dafs der Verteidigung auch in sachlicher Beziehung unübersteigliche Schranken gezogen waren. Wie viele Verwaltungsmafsnahmen hatte man ihm zum Vorwurf gemacht, für die er die Verantwortlichkeit mit anderen teilte, oder für die überhaupt andere als er aufzukommen hatten. Nichts wäre natürlicher gewesen, als dies Verhältnis in jedem Fall klar darzulegen — und dennoch war es unmöglich; denn jene anderen waren nicht seine Ankläger allein, sie waren auch seine Richter oder sie konnten es zu jeder Zeit werden oder wenigstens lag es in ihrer Hand, jeden solchen Gegenvorwurf aufs empfindlichste zu vergelten. Höchstens eine Behörde, niemals ein Einzelner durfte in der Verteidigung genannt werden. Und weiter, wie durfte Danckelman von seiner erbittertsten Feindin, der Gemahlin seines Herrn, anders reden als von Ihrer Durchlaucht seiner allergnädigsten Frau Kurfürstin, wie durfte er bei Zurückweisungen von Vorwürfen, die gerade von ihr ausgingen und sein Verhältnis zu ihr berührten, wie in der Angelegenheit der Erziehung des Kurprinzen oder in der noch viel intrikateren der von ihm angeblich zwischen den fürstlichen Ehegatten gestifteten Zwistigkeiten, anders als

---

[1]) Bittschrift Danckelmans vom 28. März 1700, Weisung an den Kommandanten vom 5. April 1700.

[2]) Reskr. vom 24. April 1700.

[3]) Bittschriften vom 19. Mai, 20. Juni und 11. Juli 1700. Rescr. vom 2. Juni, 28. Juni und 15. Juli 1700.

[4]) Noch anderthalb Jahre nach seiner Verhaftung beschlofs die Geh. Hofkammer ihm Akten abfordern zu lassen (Protokoll vom 22. April 1699).

in den Ausdrücken der gröfsten Devotion ihr Verhalten schildern! Endlich war die Zahl der Punkte nicht gering, in denen Danckelman auf des Kurfürsten eigene Anordnungen eingehen mufste; unter welchen Cautelen, mit wie viel, oft absichtlich unwahrer, Vorsicht konnte das nur geschehen! Er hat in Wahrheit jede Zeile seiner Verteidigungsschriften mit der Fessel an der Hand schreiben müssen.

Den Hoffiskal Möller hatte Friedrich einst mit harten Strafen bedroht, um ihn zu schleuniger Vollendung der Danckelmanschen Untersuchung anzutreiben; nun durch den resumierenden Bericht der Kommission vom 9. September 1702 die Sache zur Entscheidung an ihn gekommen war, hat er sich keineswegs dieselbe Eile auferlegt. Seine nach einigen Tagen erteilte Antwort[1]) verschob den endgiltigen Abschlufs der Untersuchung von neuem; nebenbei ward darin freilich gesagt, dafs der erste der von den Kommissaren vorgeschlagenen Wege, ein ordentlicher Prozefs, wegen seiner „Weitläufigkeit", nicht eingeschlagen werden könne, also im Grunde zugestanden, dafs ein gerichtliches Verfahren, vor dem, wie Friedrich einst gemeint, Danckelman sich hätte scheuen sollen, vom Fiskus vermieden werden müsse. Ehe aber die Erklärung über die beiden anderen Mittel einer Beendigung der Untersuchung — durch Begnadigung oder einfache Entlassung aus der Haft — die der König noch in Erwägung zu ziehen versprach, erfolgte, dauerte es noch über ein Jahr. Erst nachdem Brandt, der sich jetzt mit Eifer der Sache Danckelmans annahm, Ende 1703 Friedrich Vorstellungen gemacht und sie dann namens der Kommission nochmals im Februar des folgenden Jahres schriftlich vorgebracht hatte, erfolgte der Entscheid des Königs. Aber wie anders, als des Gefangenen Freunde erwartet haben mochten, fiel er aus: ohne jede, auch die geringste, Motivierung erklärte Friedrich aus seiner monarchischen Vollgewalt, dafs ihm am besten bekannt sei, wodurch Danckelman in Ungnade gefallen, dafs seine Strafe nicht zu hart sei und dafs es damit sein Bewenden haben solle[2]). Es sprach aus diesen Zeilen derselbe Mann, der es für seines fürstlichen Amtes nicht unwürdig gehalten hatte, erst vier Jahre lang unter dem Anklagematerial in diesem

---

[1]) Goltzo, d. 20. Sept. 1702: „ . . . des gewesenen Oberpräsidenten von Danckelman Sache kann wegen der von euch allerunterthänigst angeführten Umbstände per viam ordinariam juris nicht ausgemacht werden und würde solcher Prozefs noch viel Zeit und Weitläufigkeit erfordern, wenn man dem Advocato Fisci allen dazu nötigen Beweis suppeditiren sollte; was aber die andere beide Mittel und Wege, diesen Prozefs abzuthun, belangt, dieselben wollen wir noch weiter allergnädigst in Erwägung ziehen und Euch alsdann mit Unserer allergnädigsten Erklärung auch desfalls versehen."

[2]) Reskr. vom 22. Febr. 1704. Es findet sich bei Droysen IV. 1. S. 294. Anm. 219.

Prozeſs alle die Punkte figurieren zu lassen, bei denen es allein auf sein Zeugnis ankam, und dann zu erklären, er wolle sie fallen lassen, denn er könne — jetzt! bezeugen, daſs Danckelmans Angaben richtig, die der Anklage falsch seien.

Und hierbei blieb es. Waren bisher die in allen Schreiben an den einst so gütigen Herrn immer wieder und wieder kehrenden flehentlichen Bitten Danckelmans, Friedrich möge sich seines einst so oft gegebenen Versprechens entsinnen, bei jedem zwischen ihnen entstehenden Miſsverständnis ihm zuerst die Ursache mitzuteilen, er möge ihn endlich den eigentlichen, den letzten Grund seiner Ungnade wissen lassen, ungehört verhallt, so waren jetzt seine Proteste[1]) gegen die Entscheidung des Königs als eine variatio in fundamento actionis, die mit dem Rechte nicht bestehen könne, sein Beschwören, der König solle ihn selbst hören, oder ihn wenigstens durch einen vertrauten Minister nochmals vernehmen lassen, erst recht wirkungslos. War ihm zuvor noch immer ein Anhalt geblieben, auf einen Akt der Gnade oder der Gerechtigkeit des Herrschers zu hoffen, so war ihm jetzt die Möglichkeit einer weiteren Verantwortung genommen, jede Aussicht auf eine etwaige gerichtliche Verhandlung seiner Sache zerstört — es mag unter allen Schlägen, die das starre Rechtsgefühl des unglücklichen Mannes in diesen Jahren trafen, der härteste gewesen sein.

Das Reskript des Königs hatte Danckelmans Strafe als nicht zu hart bezeichnet; in Wahrheit hat sie eine Jahre lange moralische Peinigung mit äuſseren Beschränkungen aller Art verbunden.

Ohne jeden Rechtsgrund[2]) war sogleich nach Danckelmans

---

[1]) Denk- und Bittschriften vom 6. Juli, 12. Nov., 20. 21. Dec. 1704, 26. Juni, 12. Nov., 6. 21. Dec. 1705, 31. März, 26. Nov. 1706 und sofort. Sie wurden zum groſsen Teil unbeantwortet gelassen.

[2]) Selbst in den Kreisen des Beamtentums machte sich eine Art passiven Widerstandes und stillschweigenden Protestes gegen diese Unbill geltend; die magdeburgische Kammer erhielt nach einander zwei Verweise von der vorgesetzten Behörde wegen ihres Verhaltens bei Einziehung des Gutes Wettin. Am 25. Mai 1699 wurde an sie ein Rescript erlassen, „daſs sie hätten vermöge Rescripts vom 15. März 1698 das Gut Wettin einziehen und die Einkünfte zur Cammer nehmen sollen, weiln man aber vernehme, daſs die Unterthanen noch nicht in Sr. Ch. D. Pflicht genommen wären und noch vor den von Danckelman gebeten würde, so sollten Sie berichten, auf wessen Veranlassung oder Versehen solches geschehen, zumalen S. Ch. D. denselben exemplariter davor abstrafen wollten.“ Und am 11. Juli 1699 beschloſs die Geh. Hofkammer, dem Collegium das Befremden Sr. Ch. D. auszusprechen, „daſs die Magdeburgische Cammer wegen der Wettinischen Pflicht derart raisonniret, die legale Erlassung wäre wohl bei einem Verkauf oder dergleichen Contracte nöthig, aber nicht in der Confiscation der Ämter wegen excessus. (Protokolle der Geh. Hofkammer vom 25. Mai und 11. Juli 1699.) Auf ein Analogon in der Familie des Kurfürsten selbst läſst vielleicht die

Verhaftung sein gesamtes Vermögen eingezogen worden[1]), bis auf die Möbel in seinem Hause zu Cleve und die Kupferplatten, die, ein Geschenk des Königs von Schweden, auf dem Berliner Lagerhause aufbewahrt wurden. Vergeblich hatte seine Gattin das Haus auf dem Werder zu retten gesucht — die mutige Frau hatte an Friedrich eine Immediateingabe gerichtet[2]), in der sie zunächst ihren Mann zu verteidigen unternahm, unerschrocken den Kurfürsten zur Gerechtigkeit mahnte[3]) und gegen die Konfiskation des Hauses im Namen ihrer Stiefkinder, aus Danckelmans erster und zweiter Ehe[4]), protestierte, deren mütterliches Vermögen zu dessen Ankauf verwandt worden war. Es war ebenso vergeblich, wie die Bitte der Kinder zweiter Ehe[5]), sie zu entschädigen. Danckelman selbst war in nicht geringer materieller Verlegenheit; umsonst stellte er vor, wie er zur Zeit seiner Verhaftung nur 400 Thaler in der Hand gehabt, da er damals sein gesamtes übriges disponibles Kapital[6]) zu den Neustädter Werken vorgeschossen habe, wie er das Vermögen seiner ersten Frau, das er ihr bei ihrem Tode nie antasten zu wollen versprochen hatte, habe angreifen müssen, wie ihm von seiner Frau und seinen Kindern, die selbst in Not seien, in den ersten drei Jahren seiner Gefangenschaft kein Heller, in den vier folgenden im Ganzen 2600 Thaler hatten gegeben werden können[7]) — Friedrich wies jede Bitte um Unterstützung zurück und erklärte noch in dem Erlafs vom 22. Februar 1704, dafs er „nicht glauben“ könne, dafs Danckelmann wirklich mittellos sei. Mochte er durch Almosen von Verwandten und Freunden sich durchzuschlagen wissen!

Den Gefangenen die Bitterkeit seiner Lage auch sonst verspüren zu lassen, war man eifrig bedacht. Die ersten fünf Jahre seiner Peitzer Haft hindurch durfte er die Festung nicht verlassen. Eine Bittschrift, die mit Hinweis auf ein beigelegtes ärztliches Gutachten ihm einen freieren Aufenthalt und zugleich die Erlaubnis zu einer Badereise nach Karlsbad er-

---

Bemerkung in der Tabelle der konfiscierten Güter Danckelmans bei der Besitzung Biesenbroch schliefsen (s. Förster, Friedrich Wilhelm I. Urk. Bd. I. S. 9).

1) S. die Tabelle wegen Einziehung des Oberpräsidenten Güter bei Förster, Urk. I. S. 6.

2) Juli 1698.

3) Wie nun der Höchste, heifst es darin, „Ew. Chr. D. zum grofsen Regenten verordnet und berufen, dessen vornehmste Sorgfalt darin bestehet, dafs einem Jeden Justiz widerfahre.“

4) Danckelman war zuvor mit Syb. Marg. von Boel, einer Tochter des Herren v. Boel, dem die Stadt Cleve die Anlage ihres prächtigen Parkes verdankt, in dritter Ehe mit Cecilie Juliane v. Morien, vermählt.

5) Bittschrift vom 19. Dec. 1699, Reskr. vom 20. März 1700.

6) Eine Berechnung in den Manualakten Möllers setzt dafür 17000 Thaler an.

7) Beilage F des Memorials vom 31. März 1706.

wirken sollte, blieb noch im Mai 1702 unberücksichtigt[1]). Ein Jahr darauf erfolgte nun zwar diese Erlaubnis; sie ward indeſs sehr bald danach durch eine neue Ordre „weil er sich der Reise begeben“ zurückgenommen, an ihrer Statt dem Leidenden die Benutzung des Peitzer Sauerbrunnens empfohlen und zugleich die Entfernung von der Stadt bis auf eine halbe Meile gestattet[2]) — gegen Unterschrift eines Reverses und eine von Daniel Ludolf Danckelman gestellte Kaution. Eine Verlängerung dieser Freiheitsgewährung muſste im Herbst erst durch ein neues Gesuch erfleht werden[3]).

Die natürlichen Schranken, die der Zwangsaufenthalt in einem entlegenen Landstädtchen dem Zusammenleben Danckelmans mit seiner Familie auferlegte, zu vermehren, daran lieſs man es nicht fehlen. Nach einem halben Jahre erst durfte der Gefangene seine Frau, nach zwei Jahren zwei kleine Töchter nach Peitz kommen lassen[4]); wollte der Vater einmal eines seiner auswärtigen Kinder sehen, so bedurfte es einer besonderen Erlaubnis[5]); erst seit 1700 durfte er mit ihnen korrespondieren[6]).

Härter als Alles war doch die seelische Qual für den Mann, dem man nach dem jähen Sturz von den Höhen des Lebens auch sein letztes Gut, seine Ehre, antastete. Mit ungenügenden Waffen einer Anklage gegenübergestellt, die ihm kein Verdienst seiner unermüdlichen und trotz der Kürze der Zeit nirgends erfolglosen Thätigkeit ungeschmälert lieſs, deren schmähliche Verleumdungen seinen guten Namen mit Koth bewarfen, ward er fortwährend gepeinigt durch den Zweifel, ob er denn auch jede unter den hunderten von Einzelbeschuldigungen hinlänglich widerlegt habe; da man ihm irgendwelche Akten zur Verfügung zu stellen kurzab verweigert hatte[7]), zermarterte er sein Gedächtnis bei der Sisyphusarbeit dieser Verteidigung gegen Anklagen, die immer wieder von neuem und unverändert vorgebracht wurden, gleich als hätte er ihnen auch nicht ein Wort der Rechtfertigung entgegengesetzt. Und bei dem Schneckengange des Prozesses, zwischen dessen einzelnen Stadien jedes Mal Jahre des Wartens lagen und dessen Fortschritte man ihm auch dann erst in der Regel nach Monaten mitzuteilen beliebte[8]), verrann ihm ein Jahr-

---

[1]) Eingaben vom 2. Mai 1702, 28. März 1703.
[2]) Reskr. vom 11. Mai 1703.
[3]) Eingabe vom 16. Sept., Reskr. vom 1. Okt. 1703.
[4]) Reskr. vom 27. Juni 1698, Okt. 1699, März 1700.
[5]) Durch Reskr. vom 4. Sept. 1704 wurde seinem jüngsten Sohne Friedrich nach sechsjähriger Trennung gestattet, nach Peitz zu kommen.
[6]) Reskr. vom 5. April 1700.
[7]) Art. 31 des Vorberichts.
[8]) Das entscheidende Reskript vom 22. Febr. 1704 hat man ihm augenscheinlich erst nach 4 Monaten mitgeteilt, da sein erstes Memorial dagegen vom 6. Juli 1704 datiert ist.

zehnt der Blütezeit eines Manneslebens, indem er von Monat zu Monat, von Woche zu Woche, von Tag zu Tage auf eine Wendung zum Besseren harrte. — Demütigungen von anderer Seite gesellten sich hinzu. Leute, die früher viel für einen geringen Beweis seiner Gunst gegeben hatten, behandelten ihn jetzt wie einen lästigen Petenten. Der Hofprediger Ursinus, den Danckelman bat, ihm die Freiheit auszuwirken, den Cottbuser Gottesdienst besuchen zu dürfen, liefs sich nicht herab, auch nur zu antworten[1]).

Nicht spurlos sind all diese Leiden an ihrem Opfer vorübergegangen, sie haben ihm merklich die Spannkraft der Seele gemindert — wie mufste der Stolz des Mannes gebeugt sein, der einst kaum seinem Herrscher gegenüber sich unterthänig gefühlt, wenn er sich jetzt entschlofs, an jenen Kolbe, den er vor Jahren selbst aus dem Staube erhoben und der ihm mit elendem Undank gelohnt hatte, als an seinen „erhabenen Patron“ demütige Bittschreiben zu richten! Hoffnung und Geduld haben ihn dennoch niemals verlassen. Aufrichtige Frömmigkeit und geistige Regsamkeit haben ihn aufrecht erhalten. Selbst nachdem die königliche Resolution von 1704 sein Recht mit Füssen getreten hatte, verloren seine Schreiben an den Monarchen nicht den Ton von mehr an die Gnade als an die Gerechtigkeit appellierenden Bitten; selbst das „Memorial an Freunde und Gönner, auch alle Recht und Billigkeit Liebende, die einig Gehör bei S. K. M. haben“ [2]), unter dessen Titel man eher eine Beschwerdeschrift mutmafsen sollte, hat diesen Charakter nicht verleugnet.

Nicht eine Genugthuung, nicht eine Wiederaufnahme des Verfahrens, nur eine Herabminderung der äufseren Beschränkungen war es, was Danckelman — Sophie Charlotte war 1705 gestorben — nach Ablauf von vollen zehn Jahren der Gefangenschaft gewährt wurde. Der König erliefs bei Gelegenheit der Geburt eines Thronerben, des Prinzen von Oranien, ältesten Kindes des Kronprinzen Friedrich Wilhelm (am 23. November 1707)[3]), eine Amnestie, an der auch Danckelman — in einer Reihe mit gemeinen Verbrechern — partizipierte. Gegen Ausstellung eines Reverses, dafs er sich an niemand rächen, nie ohne Erlaubnis die Königlichen Lande verlassen und nie sich der Residenz mehr als bis auf eine Entfernung von zwei Meilen nähern wolle, ward er der Haft zu Peitz entlassen und ihm die Wahl eines Aufenthaltsortes freigestellt[4]). Als er auf diese Vergünstigung verzichtete, wurde ihm zuerst Halberstadt[5]) und sogleich darauf anstatt

---

[1]) Briefe Danckelmans aus dem März und vom 26. Juni 1705.
[2]) Vermutlich aus der zweiten Hälfte des Jahres 1707.
[3]) S. Preuss, Friedrich der Grofse I. S. 4 Anm. 1.
[4]) Reskr. vom 23., Revers vom 30. Nov. 1707.
[5]) Reskr. vom 3. Dec. 1707.

dessen Cottbus angewiesen. Kurze Zeit zuvor[1]) war ihm endlich auch eine Pension von 1000 Thalern gewährt worden, die noch für das laufende Jahr auf das Doppelte erhöht wurde. Man wollte ihm sogar aus den Wettiner Einkünften — es scheint fast, als hätte man die Grundlosigkeit auch dieser, der häfslichsten Anklage eingesehen — noch weitere 2000 Thaler zubilligen, wenn er dafür formell auf seine übrigen Güter verzichte. Danckelman hat dieses Ansinnen, das auf die Anschauung über die Rechtlichkeit der einstigen Konfiskation an entscheidender Stelle merkwürdige Schlüsse ziehen lässt, im ungebrochenen Bewufstsein seines Rechtes abgelehnt[2]). Allzugross war die Freiheit seines Cottbuser Aufenthaltes keineswegs. Eine Reise nach Hinterpommern ward ihm wohl einmal gestattet; aber als es sich darum handelte, mit den Erben seines 1709 verstorbenen Bruders Daniel Ludolf eine Konferenz in Brandenburg abzuhalten, entschied man, es sei besser, wenn die Erben nach Cottbus kämen[3]). Noch hielt man eine solche Annäherung an den Aufenthaltsort des Königs für bedrohlich, ebenso wie man noch kurze Zeit zuvor Gerüchte zu verbreiten für nötig hielt, Danckelman wolle aufser Landes fliehen, beim Reiche einen Prozefs gegen den König anstrengen[4]). Wie weit war er davon entfernt! Er war zu fest mit diesem Staate verknüpft, dem die Arbeit der kurzen Jahre auf dem Gipfelpunkte seines Lebens gegolten hatte; zu stark war seine Anhänglichkeit an den Fürsten, aus dessen Hand ihm erst das Glück und dann so unendliches Unrecht und Elend gekommen war. Eine rührende Treue und Liebe leuchtet doch durch die Zeilen[5]), in denen er, nun ein Greis, Friedrich von seinem Wunsche schrieb, ihn nur noch einmal vor seinem Tode, wenn auch nur ganz von ferne zu sehen. Der alternde König, der selber nicht mehr weit vom Ende war, hat auf Danckelmans Flehen, er wolle selbst auf die Erfüllung dieser seiner Sehnsucht verzichten, wenn er nur nicht als ein Relegierter sterben solle, nicht gehört; auch der bittere Hinweis des Verbannten auf den freien Abzug, den man dem nichtswürdigen Wartenberg eben damals gewährt hatte, traf ihn nicht. Ungesühnt hat er seine Schuld gegen Danckelman mit in das Grab genommen.

---

[1]) Reskr. vom 15. Nov. 1707.
[2]) Brief an Wartenberg vom 26. Mai 1709.
[3]) Reskr. vom 5. Juni, 12. Aug. 1710.
[4]) Memorial an Freunde etc. Schlufs.
[5]) In einer Bittschrift aus dem Jahre 1711.

Schlufs.

Die Geheimhaltung, die Verschleppung und das schliefsliche ganz willkürliche Abbrechen des Danckelmanschen Prozesses hat schon den Zeitgenossen [1]) das durchaus negative Ergebnis der gegen den gestürzten Minister erhobenen Beschuldigungen kaum verschleiern können; aber auch dem blödesten Auge offenbarte der Gang der Dinge in Brandenburg-Preufsen nach 1697, was Danckelman diesem Staate wirklich gewesen, wie hoch der positive Wert seiner Thätigkeit anzuschlagen war.

Es war noch nicht das Schlimmste, dafs in den Sturz des leitenden Staatsmanns eine Reihe der tüchtigsten Mitglieder seiner Verwaltung verwickelt und teils, wie er, in Anklagezustand versetzt wurde, wie Knyphausen, Kraut und Raulé, teils in minder einflufsreiche Stellungen zurückgedrängt wurde, wie Daniel Ludolf Danckelman; so viel des entsetzlichsten Unrechts dabei geschehen sein mag, verderblicher für das Gemeinwesen war, dafs dem Personenwechsel nicht allein ein Umschwung des Systems folgte — wie könnte eine so mächtige Persönlichkeit wie Danckelman ohne eine klaffende Lücke zu hinterlassen verschwinden? — sondern dafs auch

---

[1]) Eine nicht blofs in der allgemeinen Beurteilung des Danckelmanschen Systems, sondern auch in den thatsächlichen Angaben über den Gang des Prozesses, die Schicksale des Angeklagten im Wesentlichen das Richtige treffende Darstellung wurde schon in der Flugschrift „Fall und Ungnade“ gegeben. Sie ist erst französisch, dann 1712 und 1713 in zwei deutschen Ausgaben erschienen. Das Original ist in Berlin nicht verboten worden. (Vorwort der Übersetzung.) Die Einkleidung, die die eigentliche Schrift als den Brief eines in Haag wohnenden Staatsmannes erscheinen läfst, ist vielleicht gar nicht Maske. Dafs der Verfasser über die persönlichen Schicksale Danckelmans so wohl orientiert ist, läfst vermuten, dafs die Brochüre aus einem ihm befreundeten Kreise, sei es in Berlin, sei es in Holland, stammt. Nicht ohne Interesse und an sich, als von unparteiischem Standpunkt aus abgegeben, vielleicht wertvoller, ist das der Schrift beigegebene Urteil eines Italieners, des Grafen D . . . in seinen Mémoires d'Italie I. p. 172, der eben so warm für Danckelmans Recht eintritt.

unter den nun in die erste Reihe Emporgestiegenen gerade die Unfähigsten, ja die Unwürdigsten zu entscheidendem Einflufs gelangten. Sehr schnell sind Barfufs und Fuchs, die durch ein Zusammengehen mit der Camarilla gegen Danckelman ans Ruder zu kommen geglaubt hatten, durch Kolbe von Wartenberg zurückgedrängt worden. Der und seine Kreaturen haben dann durch zehn unglückliche Jahre zum Unheil von Fürst und Land ihr Regime aufrecht erhalten. Es ist kein Zweig der Verwaltung, der die Spuren davon nicht lange genug zu tragen gehabt hätte. Überall, wo zuvor angestrengte Reformthätigkeit und ruhiger Fortschritt geherrscht hatte, trat entweder gänzlicher Stillstand ein oder eine unsicher umhertastende, überrasche Projektenmacherei, fast noch schädlicher als jener.

Kaum eine Epoche der auswärtigen Politik Preufsens war so unglücklich in ihren Grundgedanken, so voll von Mifsgriffen und unsicher tastenden Versuchen bei der praktischen Ausführung, wie diese Zeit, in der man die gesamte Kraft des Staates um der Königskrone willen im spanischen Erbfolgekriege engagierte, während man dem Kampfe der nordischen Mächte, der viel gewichtigere Interessen des Landes berührte, teilnahmslos zusah, eine Zeit, in der wenig gefehlt hätte, dafs sich ohne einen Schwertschlag Preufsens statt des längst entkräfteten Schweden der eben jetzt schnell emporgekommene und schier unaufhaltsam nach Westen vordringende junge russische Staat in Pommern, im Zentrum der deutschen Ostseeküste, festsetzte. Während man aber die Steuerkraft des Landes für die Teilnahme an dem Kriege gegen Frankreich in Anspruch nahm, wurden die Kammerverwaltung und ihre reichen Überschüsse vollends dem Hofe ausgeliefert. Denn die Errichtung einer an sich ganz überflüssigen zweiten Zentralbehörde für sie über der Geheimen Hofkammer bedeutete nichts anderes: die ersten Mafsregeln des neuen Oberdomänendirektoriums, in dem neben Wartenberg und Lottum die beiden Fachmänner Chwalkowski und Lindholz wohl bei der Erledigung der Geschäfte, schwerlich in der Entscheidung der Fragen in Betreff der Versorgung des Hofes die erste Rolle spielten, waren Verfügungen[1]), welche die Summe der an die Hofstaatskasse abzuführenden Domanialeinnahmen auf 302 000 Thaler[2]), d. h. über 90 000 Thaler mehr als in dem letzten Jahr der vorigen Regierung, diejenige der an die Chatulle[3]), die zweite Hofkasse, überwiesenen auf 270 000, d. h.

---

1) Das Folgende nach den Akten der Kammerverwaltung.

2) „Künftig könnte die Einnahme des Hofstaats folgendergestalt eingerichtet werden". Undatierte Tabelle.

3) S. den bei Isaacsohn II. S. 290 f. Anm. 2 mitgeteilten Passus der Instruktion vom 17. März 1698.

110000 mehr als der höchste im letzten Jahrzehnt des Grofsen Kurfürsten erreichte Betrag, erhöhten. Aufserdem wurde der über 47000 Thaler betragende Ausgabeposten für die Besoldung der märkischen Forstbeamten von der Chatulle auf die Hofrentei, die eigentliche Staats-Domänenkasse, überwälzt[1]), und endlich wurden noch 60000 Thaler jährlich für die kurfürstlichen Bauten, 100000 zu besonderen Zwecken, davon 50000 zu Bezahlung des Herren Obermarschalls, auf die reichen Bestände, die sich allein in den Kassen der Provinzialkammern vorfanden, angewiesen[2]). Und während man also die reichen Erträge der Danckelman-Knyphausenschen Administration, die vor 1698 doch nur teilweise dem Hofe zugeflossen waren, jetzt für immer glänzendere Festlichkeiten, immer neue Vermehrungen des Hofpersonals und — immer gröfsere Zulagen zu den Gehältern des Herrn Oberkämmerers und seiner Genossen sicherte, wurde dem gestürzten Minister fünf Jahre hindurch seine schlechte Finanzverwaltung vorgeworfen, hatte man die Schamlosigkeit in der Instruktion für das Oberdomänendirektorium dem Freiherrn von Knyphausen, dem man durch die ihm angethane Schmach Ehre und Leben geraubt, nun auch noch jedes Verdienst abzusprechen und zu proklamieren, „dafs die Grundsätze einer guten Domänenadministration bisher eben nicht zum besten beobachtet worden, sondern anstatt dessen viel Eigennutz, Mifsbrauch und Unordnungen eingeschlichen seien“ [3]). Bei den ersten Finanzannexionen blieb es nicht; immer neue Beutezüge in das Gebiet der Domanialeinnahmen mufsten unternommen werden, wenn die Königskrönung, deren Kosten sechs Millionen, d. h. etwa das Siebenfache des regulären Reinertrags eines damaligen jährlichen Domänenetats, erreichten, bezahlt werden, wenn Wartenberg allein ein Gehalt von 123000 Thalern — Danckelman erhielt 10000 — beziehen sollte. So kam es, dafs die Lubensche Domänenvererbpachtung, eine an sich keineswegs durchaus zu verurteilende Änderung in der Bewirtschaftung des Kammerguts, in einer den Staat auf Jahre hinaus für die Zukunft belastenden Weise für den Hof nutzbar gemacht wurde, indem man die von den neuen Pächtern zu erlegenden Inventariengelder für ihn nicht etwa von der Domänenverwaltung lieh, sondern kurzweg verbrauchte — vielleicht die frivolste Manipulation

---

[1]) Reskr. an Mathias vom 14. März 1698. Hofrenteietat von 1699 bis 1700. Designation derjenigen Besoldungen so vermittelst Churf. gndst. Verordn. vom 21. März 1698 an dero Scatoul zur Hofrentei verwiesen worden sind.

[2]) Reskr. an Mathias vom 3. Jan. 1699, die in einer beigelegten Tabelle für 1698 bis 1699 aufgeführten Posten quartaliter pünktlich von dem Landrentmeister in Empfang zu nehmen, mit einer Übersicht „von voriger Summe können bezahlet werden“.

[3]) S. Fischbach II. 1 S. 91 f., abgedruckt bei Isaacsohn II S. 290.

dieses Systems. Sie hat denn auch diese Neuerung den einzigen grofsen, wenn auch mit geringer Sorgfalt durchgeführten Gedanken dieser Epoche zum Scheitern gebracht. Anderwärts trat eine gänzliche Stagnation ein — die Reorganisation des magdeburgischen Steuerwesens blieb fast völlig liegen [1]); Danckelmans Versuche einer Zunftreform sind kaum fortgesetzt, geschweige denn energisch durchgeführt worden [2]); seine Neuerungspläne in der Postverwaltung sind grofsenteils erst unter Friedrich Wilhelm I. verwirklicht worden [3]). Es schien, als könne dieser Staat überhaupt nichts Grofses mehr ertragen. Willkürlichkeiten und Intriguen haben die Entfernung Schlüters herbeigeführt; Pufendorfs Werke, unter Danckelmans Aufspicien [4]) aufs Lebhafteste gefördert, glaubte man jetzt beinahe verleugnen zu müssen. Weder die französische noch die deutsche Übersetzung der „Thaten Friedrich Wilhelms des Grofsen“, die beide vorbereitet worden waren, durften veröffentlicht werden; allein einen dürftigen Auszug wagte man in deutscher Sprache erscheinen zu lassen [5]). An eine Publizierung des Bruchstücks der Geschichte Friedrichs III. nun gar dachte Niemand unter diesen kleingläubigen Epigonen. Wahrlich, es war doch, als sei erst nach jenem unseligen 24. November des Jahres 1697 der Geist des Grofsen Kurfürsten von seinem Staate gewichen!

Friedrich Wilhelm I. aber, der auf den Trümmern der Wartenberg-Wittgensteinschen Verwaltung das Gebäude des brandenburgisch-preufsischen Staatswesens wieder aufgerichtet und fester gefügt hat, als es je zuvor gewesen, der noch in der zwölften Stunde den — vermutlich endgiltigen — Verlust

---

[1]) Bielfeld, Geschichte des magdeburgischen Steuerwesens (1888) S. 152.

[2]) Schmoller, Brandenburgisch-preufsisches Innungswesen a. a. O. S. 86.

[3]) Stephan a. a. O. S. 124 f.

[4]) Er war es, der im Geheimen Rate die Kommission zur Prüfung der Res Gestae Friderici Wilhelmi Magni — bestehend aus Spanheim, Fuchs und Meinders (nicht Seidel, wie noch Droysen, in dem Aufsatze „Zur Kritik Pufendorfs“, 1864, Ber. der Kön. Sächs. Ges. der Wiss., wieder abgedruckt in den Abhandlungen zur neueren Geschichte S. 307 ff.) vermutet (ebenda S. 379 Anm. 7) — einzusetzen vorschlug. Er beantragte einmal wegen einer „Sentenz“, durch die man Pufendorf beschimpft habe, dem schwedischen Gesandten Vorstellungen zu machen. (Geh. Rats-Prot. vom 21. Nov. 1692, 15. Nov. 1689.) Noch 1694 ward dem Geschichtsschreiber des Grofsen Kurfürsten Sitz und Stimme im Geheimen Justizrath zuerteilt; im Geheimen Rate selbst wurde sein Votum eingeholt, als es galt über die Annahme der Widmung eines Panegyricus, den ein Pole Kalinsky auf den Kurfürsten verfaſst hatte, zu entscheiden. Die für Pufendorf höchst charakteristische Antwort verdient wohl mitgeteilt zu werden — er widerriet die Annahme wegen des stylus polono-latinus, wegen der fides non satis authentica und, weil einige Dinge infra dignitatem des Herrschers darin gesagt seien. (Geh. Rats-Prot. vom 7. Aug. 1694.)

[5]) Droysen, Abhandl. S. 321.

der Odermündung für Preufsen abwandte, er hat auch das persönliche Unrecht, das sich an die Folgen jenes Tages geknüpft hatte, wieder gut gemacht. Schon als Kronprinz hatte er den Gefangenen von Peitz, der sich auch an ihn mit der Bitte um Fürsprache beim Könige gewandt hatte[1]), öfters seines Wohlwollens versichern lassen. Nach seiner Thronbesteigung aber liefs er Danckelman insgeheim nach Berlin und zu sich aufs Schlofs kommen, empfing ihn in einer einstündigen Audienz, in der er mit ihm seine Schicksale und die öffentlichen Angelegenheiten besprach[2]). Allgemeines Erstaunen entstand in der versammelten Hofgesellschaft, als der ehemalige Oberpräsident aus dem Zimmer des Königs unter sie trat; es wuchs, als ihm bei dem darauf stattfindenden Gottesdienst in der Kapelle der Platz, den er einst als Erster Minister innegehabt, angewiesen ward. Ein offizieller Wiedereintritt Danckelmans in die geselligen Beziehungen zum Hofe, Besuche bei allen Mitgliedern des königlichen Hauses und dem kaiserlichen Gesandten schlossen die demonstrative Kundgebung des neuen Herrschers zu Gunsten des Opfers eines Aktes willkürlicher Justiz, den die Gerechtigkeitsliebe der Hohenzollern zum Heile Preufsens ohne Gleichen gelassen hat.

Dem also in seiner Ehre Wiederhergestellten ist am Abend seines Lebens, den ihm sein König so freundlich aufgehellt, noch, wie zum Ersatze für die freudlosen Zeiten der Haft und des Exils, eine Reihe von Jahren beschieden gewesen. In ruhiger, den Studien gewidmeter Mufse[3]), — wie hätte der Siebzigjährige, den Geschäften gänzlich Entfremdete in den Staatsdienst wieder zurückkehren können! — hat Eberhard Danckelman noch bis zum 31. März 1722 gelebt.

Für Preufsen aber war jetzt die Epoche jener glücklichen sieben Jahrzehnte angebrochen, in denen zwei Fürsten seine Geschicke leiteten, die ihr Genius wieder befähigte Namen und Wesen der Herrschaft in einer Person zu vereinigen und die dazu eine unvergleichliche Pflichttreue soweit über äufserliche Einflüsse erhob, dafs von ihnen vielmehr auf alle Diener des Staats eine Lauterkeit der Gesinnung übergieng, wie sie unter dem Wartenbergschen Regiment ganz zu verschwinden gedroht und wie sie zuvor nur die Besten beseelt hatte.

---

[1]) Bittschrift z. B. aus dem Jahre 1708.

[2]) Ich folge hier einer augenscheinlich auf Familienüberlieferung zurückgehenden Notiz in der Königschen Genealogia Danckelmaniana. Vergl. Droysen IV. 2 S. 10.

[3]) Inschrift auf dem Grabe Danckelmans.

Beilagen.

I.

(Zu S. 48.)

Kurzer Inhalt der Beschuldigungen des gewesenen Oberpräsidenten von Danckelman, welche zuerst in Spandau in 32 Punkten Ihm vorgehalten, hernach aber auf Sr. Königl. Mayt. allergndste Verordnung in gewisse Inquisitionalarticul verfasset worden, über welche, nachdem sie Höchstged. Sr. Königl. Mayt. eingesandt worden, Er auf allergnädigsten Befehl litem contestieret hat.

Beschuldigung	Verantwortung
Ex Praeliminaribus. Dafs der v. D. ungeachtet der grofsen Gnadenbezeigungen, so ihm Zeit seiner Bedienung als bei seiner Dimission wiederfahren, sich dennoch undankbar bezeiget und nicht einmal demjenigen, so zuletzt Se. K. M. von Ihm wollen erfüllet wissen und durch dero General - Feldmarschall von Barfufs andeuten lassen, gehorsamst nachgelebet habe, in dem Er	Des v. D. Verantwortung geht kürzlich dahin, dafs Er die Gnade sowohl, welche Ihm jeder Zeit wiederfahren, als auch in specie die erlangte Dimission mit aunthst. Respekt gerühmet und angenommen. Die geschehene imputationes leugnet er in totum und macht hingegen ernstliche contestationes seiner continuierenden aunthst. Devotion.
1. Weder die Briefschaften extradieret, sondern	ad 1. Wäre mitten unter der Arbeit, dazu Er 2 Königl. secretarios gebrauchet, nach Neustadt zu gehen beordert und von da nach Spandow gebracht, folgends an der Vollziehung des Befehls verhindert worden.
2. vielmehr eine grofse Menge derselben verbrannt,	ad 2. Darunter wäre nichts Verfängliches gewesen, hätte es auch mit Vorbewufst des Hr. Generalfeldmarschalls gethan, welchen er vorher per Secret. Witten darumb befragen lassen.
3. auch dasjenige, so Er zum Interesse Sr. K. M. gewufst, nicht angezeiget.	ad 3. Sei er durch die Haft und den Befehl, weder an Se. K. M. noch an einigen Ministrum nicht das Geringste schriftlich gelangen zu lassen, behindert worden.
4. Da ihm alle Korrespondenz untersaget worden, dafs Er dennoch sich nicht enthalten, sondern sogar nach der Dimission die anwesenden	ad 4. Eben deswegen hätte er die Ministros zu einer ordinären Mahlzeit gebeten, damit Er Ihnen ansagen möchte, sich hinfüro aller

Ministros der fremden Potentaten zu Gast gebeten.

Korrespondenz mit Ihm zu enthalten und der Ursache wegen hätte Er auch an die Regierungen geschrieben.

5. Auch seine Dimission an die Regierungen eigenmächtig dergestalt notifizieret, als hätte Er S. K. M. den Stuhl vor die Thür gesetzt, in specie an die Regierung zu Cleve geschrieben, dafs Er sich die dortige Präsidentenstelle vorbehalten hätte.

Das Concept an die clevische Regierung hat Er produzieret, darin mehr nicht gestanden, als dafs Ihm die Präsidentenstelle verbleibe.

Hierauf würde Fisco obliegen den Ungehorsam und Verachtung zu erweisen. Den Punkt wegen des Verbrennens, dafs darunter der v. D. nichts gefährliches unternommen, erbietet Er sich mit einem juramento zu erhalten.

Wie aber die übrigen puncta werden können erweislich gemacht werden, dafs der v. D. dadurch konvinzieret werde, kann man nicht absehen.

Ex Classe Ima.

Art. 25 dafs der v. D. sich gröfserer Gewalt angemafset und alle Affären an sich gezogen.

Dieses haben S. K. M. jüngsthin agdst. befohlen auszulassen.

Art. 26–31. Dafs Er die Contrasignaturen zu Vergröfserung seiner Autorität introducieret und doch derselben kein Genügen gethan, sondern sie negligenter traktieret, und daher viel wider einander laufende Sachen ausgefertiget worden.

Se. K. M. hätten selbst zu Evitierung konträrer Verordnungen die Kontrasignatur beliebt, nicht Er eingeführet zu Vergröfserung seiner Autorität. Hätte sie nicht negligenter traktiert, hätte aber bei der grofsen Menge der Sachen nicht verhütet werden können, dafs nicht zuweilen contraria ergangen.

Fisco würde hier zu erweisen obliegen, dafs Verordnungen zum Nachteil der K. Reputation aus Negligenz der Kontrasignatur von dem v. D. unterschrieben worden und dafs Er zur Vergröfserung seiner Autorität die Kontrasignatur eingeführet. Es ist aber in beiden Stücken bishero keine zulängliche Nachricht der Kommission suppeditieret worden, dahero kein Beweis.

Art. 32 fgg. Dafs er propria autoritate verschiedene im Geh. Rat resolvierte Sachen zurück geleget habe, in specie Bestallungen, die nach seinem Gefallen nicht konferieret worden.

Er gesteht, dafs es möchte geschehen sein, aber nur in Sachen, wenn S. K. M. nicht zugegen gewesen seien und vom Geh. Rat alsdann resolvieret worden, deshalb Er nötig erachtet hätte, S. K. M. zu befragen. Von anderen Sachen, so in pleno wären resolvieret worden und zum Interesse S. K. M. gereichet, negieret er es in totum.

Die Kommission hat zwar hiebevor sich bemühet Special - Exempel zu erlangen, aber noch nicht erhalten können, ohne welche er nicht kann konvinzieret werden.

Art. 36. Dafs Er sich in S. K. M. vertraute domestique Affären, in specie der Königin und des Kronprinzen hohe Person betreffend, zur Ungebühr mesliret.

Diese Imputation hat er gänzlich negieret und aufs beweglichste kontestieret, dafs Sie ihm schmerzlich zu Herzen gehe.

Dieser Punkt ist von den wichtigsten, da die Wissenschaft von S. K. M. allein dependieret. Und weiln solcher Punkt auch unter den 32 Punkten nur ganz general angegeben worden, so mufs man alleruntlıst. dafür halten, dafs S. K. M. Bedenken tragen, specialia dem v. D. vorhalten zu lassen, ohne welche man ihn nicht überführen kann.

Art. 37—41. Dafs Er die Kronprinzl. Edukation übel eingerichtet habe, und seinen Sohn nebst Cramern, seinem gewesenen Domestiquen, zum Informatore dahin gebracht habe.

Hiervon haben S. K. M. jüngsthin agdst. befohlen zu abstrahieren.

Art. 42—48. Dafs er die übrigen Königl. Ministros gering gehalten und dekreditieret habe.

Hierüber haben S. K. M. sich agdst. deklarieret, dafs der v. D. nur gesaget, dafs einige Ihre Chargen nicht verständen und nicht fleifsig wären.

Specialia der Erhebung über die übrigen Ministros und deren Geringachtung sind folgends vorgehalten worden:

Art. 43. Zweene gedruckte Carmina, der Scheerenschleifer bei der Wirtschaft und ein Carmen zu seinem Lobe.

Das erste sei ein ludicrum gewesen so ihm bei der damaligen Wirtschaft per sortem zugefallen; das andere habe der von Besser wider sein Begehren aufgesetzet.

Art. 44. Dafs er den K. Ministris die Audienz versaget, in specie dem Herren Grafen von Dohna.

In tanta mole negotiorum hätte Er visites des ceremonies deprezieren müssen, aber Audienz hätte er niemand abgeschlagen, wenn es zu S. K. M. Interesse gereichen sollen. Und was den Hrn. Gr. v. Dohna anlanget, so hätte er den niemalen in S. K. M. Geschäften zu sprechen rekusieret.

Solchergestalt würde die generalis imputatio von Versagung der Audienz dahin fallen. Den Hn. Gr. v. Dohna anlangend, so würde Fiskus erweisen müssen, dafs der H. Graf in K. Affairen den v. D. sprechen wollen und dafs dieser es gewufst habe. Welchen Beweis der H. Graf würde suppeditieren müssen.

Art. 45. Dafs er zween der vornehmsten K. Ministrorum, so zu Ihm geschicket worden, unhöflich angelassen.

Weilen sie unangesagt zu Ihm hinein gekommen u. Er ungekleidet gewesen so habe er es nicht aus Trotz, sondern zu seiner Entschuldigung gesaget, welches er bei Gott kontestieret nicht animo injuriandi gesaget zu haben.

Art. 47. Dafs dergleichen in Preufsen wegen eines Sitzes in der Kirche gegen den Herrn Graf. v. Wartenberg und H. Grafen von Barfufs geschehen sei.

Wie artikulieret will der v. D. die Umbstände nicht gestehen, hoffet aber man werde unvorsetzliche Übereilung ihm auf implakable Art nicht nachtragen.

Art. 49. Dafs er auswärtige Ministros in specie den Schwedischen Secretarium ganz rüde traktieret.

Wegen des Schwedischen Secretarii gestehet er insoweit in additionalibus, dafs er zum Interesse S. K. M. mit demselben expostulieren müssen, in der Affäre so mit dem H. Grafen v. Dohna als Gesandten in Schweden Gemahlin vorgangen. Im übrigen aber negieret Er fremde Ministros dergestalt traktieret zu haben.

Würden also zu diesem Punkt dem Fisco die Exempel und Beweis an Hand müssen gegeben werden.

Art. 50 sqq. Dafs er die erste Visite von dem H. Gr. v. Wallenstein prätendieret habe.

Der v. D. beziehet sich hier weitläufig auf dasjenige was im Geh. Rat deshalb vorgekommen, ja selbst auf S. K. M., Er beziehet sich auch auf die Hrn. Geh. Räte, mit welchen er deshalb zu Potstamm sprechen können, die bezeugen würden, dafs er conträren Sentiments gewesen.

Sollte dieser Punkt ferner urgieret werden, so müfsten dazu die argumenta u. der Beweis aus dem Geheimten Rat kommunizieret werden.

Ex Classe II.

Art. 53. Dafs Se. K. M. nach Absterben des von Grumkow dem H. General-Feldmarschall von Barfufs das Generalkommissariat zu wenden wollen, der v. D. aber habe es seinem Bruder zugewandt.

Diesen Punkt haben S. K. M. anbefohlen nicht mehr zu urgieren.

Art. 68. Dafs Er mit seinen Brüdern die wichtigsten Affairen privatim u. allein traktieret u. andere Ministros abgestofsen.

Dieses hat er beständigst negieret u. sei mit seinen Brüdern nichts traktieret worden, als was ihr Negotium mit gebracht, habe durchaus keinen abgestofsen.

Allhier fehlet es an nötigem Beweis.

Art. 70. Dafs bei der Wahl des Röm. Königs, am Kais. Hof, in Engelland, zu Mainz, Konventen u. allen publiken Geschäften seine Brüder auf seinen Vorschlag emploieret worden.

Natura negotiorum hätte es veranlafst, dafs sie wären dazu gebrauchet worden u. wäre es im Geh. Rat resolvieret worden.

Art. 71. Dafs Er seinen Sohn ins Kammergericht, bei dem Kronprinzen, S. Johanniter-Orden u. Reichshofrat gebracht.

Zur Aufwartung bei dem Kronprinzen hätten S. K. M. Ihn beliebet, blofs zur Kammergerichtsratsstelle hätte Er (v. D.) ihn befordert, damit er sich ad negotia habilitieren möchte. Wegen des Johanniter-Ordens hat er copiam eines Schreibens an den Orden produzieret, dafs sein Sohn zum Ritter nicht möchte geschlagen werden. Die Reichshofratsstelle wäre von Wien aus vor seinen Sohn vorgeschlagen worden, dabei nichts Profitables, auch von andern nicht wollen acceptiret werden.

Weiln, wann dieses alles auch erwiesen wäre, Judex auf den affectum paternum reflektieren würde, so würde es nicht gravieren, wo nicht ein dolus dabei erwiesen werden könnte, welcher noch zur Zeit nicht abzusehen.

Art. 72. Dafs er fremde schlechte ungetreue u. unerfahrene Leute befordert, denen er mehr Credit gegeben, als ehrlichen u. erfahrenen, wodurch das Secret des Estats mit Gefahr in fremde connoissance gekommen.

Negat in totum und hätte vielmehr S. K. M. Ihm das Gezeugnis beigeleget, dafs er solche Leute rekommandieret, an denen Sie Satisfaktion gehabt.

Dessen ist er durch keine speciale Exempla überführet worden.

Art. 73 u. 74. Dafs Er heimliche Bestellungen machen lassen, auch an den Ingenieur Taylor 4000 Thlr. zahlen lassen.

Dafs es ohne S. K. M. Vorbewufst geschehen, negieret Er bei der generalen Imputation. Bei der Specialimputation wegen Taylor, solches negieret Er auch, u. müssen die Quittungen ja allenfalls sich finden. Vermeinet dabei, dafs vielleicht, weil Taylor noch in vorigen Kurfürstl. Diensten gewesen, möchte ein Rest gewesen sein, der gezahlet worden.

Fehlet an genugsamem Beweis.

Art. 75—93. Dafs er seine Brüder favorisieret u. vor S. K. M. nicht kommen lassen, was Ihnen zur Last geleget worden, in specie des gewesenen Kanzlers zu Minden Verfahren bei des Münzmeisters Hille Ausmünzung, da Er diesem seinem Bruder ein Reskript unter seiner eigenen Unterschrift ertheilet und darin seines Bruders Conduite im Münzwesen approbieret.

Habe seine Brüder in unbilligen Sachen niemals favorisiret, was aber den Kanzler zu Minden anlanget, so sei in facto, dafs Er das Rescriptum abgehen lassen, richtig, hätte aber gar nicht die Intention gehabt, wo sein Bruder es worin versehen gehabt, ihn dadurch zu absolvieren.

Weil dieser Punkt von des Kanzlers Reskript in litis contestatione u. actis genugsam ausgeführet, so kommt es auf die Dijudikation an, wieweit der v. D. darin exzedieret.

[Ex Classe III.]

Art. 94—116. Dafs in Staatsaffairen unter seinem Directorio grofse Fehler wären begangen worden, u. dadurch S. K. M. hohem Respekt u. Dignität allerhand Präjudiz zugezogen worden, in specie da Er seine beide Brüder zu der Wahl des Römischen Königs vorgeschlagen, daher geschehen, weil sie von hoher naissance nicht gewesen, noch genugsame Erfahrenheit gehabt, dafs S. K. M. Ansehen geschwächet und bei der Ankleidung Fehler begangen seien, auch die Punkte, so damals zum Besten S. K. M. Interesse sollen bedungen werden, nicht genugsam observieret worden.

Soweit der Articul general, so contradiciret Er, in specie negiret Er seine Brüder vorgeschlagen zu haben. Und habe Er wegen der Person, dafs sie von hoher naissance, genugsame Erinnerung gethan, habe aber nicht reussieren können. Von Fehlern die begangen wären sei ihm nichts wissend.

Weil ex actis nicht zu sehen, ob der v. D. seine Brüder zu des Röm. Königs Krönung vorgeschlagen u. ihm die Schuld beizumessen, dafs eine Person von hoher naissance nicht adhibieret worden, so müfste dieses noch dargethan werden. Sonsten findet sich ex Actis Archivi, so wegen der Krönung vorhanden, dafs die beiden Brüder berichtet, dafs Ihnen die Kais. Ministri zu verstehn gegeben, dafs noch jemand von höher naissance möchte geschicket werden, der sonderlich bei dem Krönungs-Akte die Solemnia des Erzkämmereramts verrichte. Sie sind zwar auf Resolution vertröstet worden, aber damit nicht versehen, u. ist endlich geschehen, dafs bei der Retirade und Ankleidung des Römischen Königs das Erz-Kammer-Amt nicht versehen worden. Welche Nachrichten ex Archivo dem v. D. bei etwa vorzunehmender Deduktion weiter vorzustellen.

Art. 117. Dafs Er wegen der Präzedenz, welche S. K. M. als Kurfürst damals per pacta vor dem Herzog von Savoyen gehabt, dennoch in dem letzten mit dem Savoyschen Gesandten aufgerichteten Traktat bei der Unterschrift relachieret u. also S. K. M. hohen Respect präjudizieret.

Er hat sich dessen extra acta nicht erinnern können, ohne nur, dafs der Comte de la Thour einige Schwierigkeiten gemacht, davon man propter bonum publicum kein esclat machen, noch dem bei der damals guten Partei vacillierenden Herzog vors Haupt stofsen wollen. Und möchte man also damals ein expediens wohl ergriffen haben, so er aber extra acta sich nicht besinne.

Fiscus hat ex actis Archivi soviel Grund, daſs der Vergleich mit Savoyen wegen der Präzedenz richtig, daſs auch kraft desselben die Savoyschen Gesandten in den allhier ao 93 u. 94 aufgerichteten Traktaten in einem Exemplar hinter die Königl. Ministros sich geschrieben. In dem Traktat aber mit dem Graf. de la Tour ist man soweit abgegangen, daſs man den de la Tour ein Exemplar unterschreiben lassen u. die hiesigen Ministri auch eins allein unterschrieben haben. Und findet sich daſs die Traktaten der v. D. mit unterschrieben gehabt.

Art. 126. Daſs Er bei der Mecklenburgischen Successionssache S. K. M. Präjudiz zugezogen.

Dieses negieret Er in totum, was geschehen, wäre pro conservatione honorum Circuli geschehen.

In diesem Punkt müſste Fisco von den Kön. Estats-Ministris Licht erteilet werden.

Art. 136. Daſs a) Er von dem Herzog von Schwerin ein Präsent von 1500 Ducaten genommen und durch du Cros erheben lassen, b) daſs der Herzog ihm auf ein Lehn von $\frac{20}{m}$ Thlr. eine Anwartung geben müssen, c) auch demselben angemutet seinem Sohn die Comthorei Niemero ad dies vitae einzuräumen u. vorher von allen Schulden zu befreien.

ad a) betheuret von den 1500 Dukaten nichts genossen, sondern dem du Cros, welcher sich wegen seines Geldmangels beklaget, den Wechsel gelassen zu haben. Er wäre aber von dem du Cros attrapieret worden, daſs Er ihn quittieret, weiln du Cros vorgestellet, daſs ohne dies Mittel er das Geld nicht haben könnte. ad b c) hat er gänzlich verneinet.

Wegen du Cros will der v. D. es juramento erhalten. Wegen der anderen beiden Punkte ist noch kein Beweis suppeditieret worden.

Art. 142. Daſs bei der Sachsen-Lauenburg. Sache nicht genugsam vigilieret und dem Hause Anhalt keine Assistenz geleistet worden.

Die Vakanz im Sachsen-Lauenburgischen hätte sich begeben, da S. K. M. u. der v. D. nicht hier gewesen — hätte also der H. Statthalter vigilieren müssen. Dem Hause Anhalt wäre soviel assistieret worden, als geschehen können, und wäre nichts versäumet.

Die Beantwortung des v. D. müſste von den K. Estats-Ministris examinieret und darauf nach Befinden Fiskus instruieret werden.

Art. 145. Betrifft den Spanischen Successionsfall.

Weil S. K. M. sich jüngsthin agdst. manifestieret, daſs sie zu dieser Handlung Befehl gegeben haben, so fället diese Beschuldigung weg.

Art. 146. Von den Markgräflichen Jubelen, davon der Revers u. andere Documenta abhanden gekommen durch seine Fahrlässigkeit.

Es rühre dieses her von seinem Unglück, nicht Fahrlässigkeit. Wenn S. K. M. darauf bestände, so müſste Er sich auntgst submittieren und den Schaden bezahlen.

Dependieret pure von S. K. M. allergndst. Deklaration.

Art. 147—153. Daſs er das Reichs- u. Kön. Lehnsnegotium zu S. K. M. Schaden lange Jahr aufgehalten und als es damit auf den Schluſs gewesen, daſs de novo durch die Mecklenburgische Sache er den Kais. Hof aigrieret und dadurch die Lehnsache in Stocken gerathen.

Er verneinet beides.

Zu Ausführung dieses Punkts wird von dem Estats-Ministerio dem Fisco der Beweis müssen suppeditieret werden und daſs der v. D. Schuld gehabt.

Actum 7. Sept. 1702.

Ex Classe IV.

Art. 154 sqq. Dafs Er sofort bei angetretener S. K. M. Regierung sich der Domänen u. Geldsachen angemafset u. Verordnung ausgebracht, dafs alle Verordnungen von Ihm angegeben werden müfsten. Dafs Er auch in seiner Bestellung angewiesen worden auf alle berechneten Diener gute Obacht zu haben u. deren vermerkte Mängel u. Nachlässigkeit S. K. M. zu hinterbringen, gleichwohl aber die Kasse insonderheit die Scatoull in die grofse Confusion kommen lassen, auch die Gebrechen der Diener nicht eröffnet.

Hätte sich keines Domänen- u. Finanzwesen annehmen wollen, aufser was die 3 Kassen betrifft Post, Scatoulle u. Rezeptur.

Die Diener, insonderheit Vietors Negligenz habe Er angezeiget.

Die Decreta u. Verordnungen wegen der Kassenaufsicht über die berechneten Diener finden sich zwar, weil aber S. K. M. in der allergdstn. Manifestation sich dahin deklarieret, dafs der v. D. sich des Finanzwesens, ausgenommen was die 3 Kassen betrifft, gar nicht annehmen wollen, item dafs er über Vietorn allezeit geklaget, so fället die Imputation wegen der übrigen Kassen dahin.

Art. 167. Dafs Er in Preufsen dem gewesenen Geh. Kammerrat Kraut eine General-Quittung über seine Landrentei-Rechnungen, welche Er doch nicht abgeleget gehabt, verschaffet, welches doch seinem eigenen Geständnis nach ein simuliertes Werk gewesen, um desselben mariage zu befördern. Wodurch denn S. K. M. Hand mifsbrauchet und weil kein Revers dagegen von Krauten genommen, das Kön. Interesse in pericul gesetzet worden.

Auf inständiges Anhalten der Hofstaats-Commissariorum in specie des Obermarschalls Graf. v. Lottum sei mit Vorwissen u. Approbation S. K. M. dem Krauten diese Quittung erreichet, weil man seines Vorschusses bei der Hofstatt nötig gehabt und deshalb seine mariage gerne befördern wollen; dabei ihm expresse bedeutet worden, dafs Ihm die Quittung sonst nirgends zu dienen könnte.

Es erinnern sich zwar S. K. M. in der Manifestation nicht, dafs die Quittung mit der agdstn. Vorbewufst ertheilet worden. Daferne man aber diesen Punkt ferner urgieren wollte, würde Fiskus hauptsächlich darthun müssen, dafs durch solche Quittung S. K. M. Schaden zugefüget worden, so doch nicht geschehen, weil Kraut nachher wegen der Landrentei-Rechnungen in Anspruch genommen worden und S. K. M. gerecht werden müssen.

Art. 172. Dafs ungeachtet der Hof-Kammer Remonstration Zeit seines Directorii zu dem Militär-Estat auf die Königl. Domänen so grofse Schulden aufgenommen, dafs Zeit seiner Dimission noch 8 Tonnen Goldes darauf gehaftet.

Was aufgenommen worden, wäre wegen der schweren Krieges-Zeit geschehen u. sei in pleno resolvieret worden. Sollte auch bei seiner Dimission man noch ein ansehnliches schuldig gewesen sein, so wären doch auch ansehnliche Subsidia ausgestanden, davon solche Schulden bezahlet werden könnten.

Dieses Alles würde in den Geh. Rathsprotocollis, wenn es weiter getrieben werden soll, müssen nachgesehen und wegen der Subsidien aus dem General-Kommissariat dem Fisco Nachricht erteilet werden, im Fall Fiscus diesen Punkt weiter urgieren soll. Würde aber allen Fall schwer fallen, hierbei den v. D. eines doli zu überführen.

Art. 173. Dafs er die Scatoull-Rechnungen in die gröfseste Konfusion gerathen lassen.

Er kontestieret, dafs Er an der Konfusion nicht schuldig wäre, hätte es öfters genug erinnert, auch Commissiones angeordnet, wegen vieler Geschäfte aber wäre es wider seinen Willen in Unrichtigkeit geblieben.

S. K. M. haben bei diesem Punkt sich also declarieret, dafs Ihnen zwar bekannt wäre, dafs der von D. zwar einige Mal von dieser Sache gesprochen, Sie vermeinten aber, dafs sich zu Ajustierung der Rechnung doch wohl die übrige Zeit gefunden haben würde, und dafs, wenn alles wäre ordentlich geführet worden, die Rechnungen sich von selbst gemacht hätten.

Dieses könnte nun dem v. D. vom Fisco vorgehalten werden; weil aber die Rechnungssache mit Vietorn nunmehr abgethan u. Er Satisfaktion geben mufs, so stehet bei S. K. M., ob dieser Punkt weiter urgieret werden soll.

Art. 174—177. Dafs er Vietors 2 Königliche Quittungen, jede über 5000 Thlr., eingehändigt u. dagegen solche Gelder aus den Clevischen Statthaltergeldern wirklich gehoben, aber nicht berechnet. Und dafs er dergl. Quittungen noch mehr in Händen haben würde.

Affirmieret, dafs Er diese Gelder gehoben u. noch nicht berechnet, auch noch 4 Quittungen da wären. Er könnte aber S. K. M. davon allezeit aunthst. Bericht thun, da Sie der Umstände sich erinnern u. es gut heifsen würden.

Diese Sache ist in Vietors Rechnung vorgekommen u. werden S. K. M. sich agndst. erinnern, dafs solche 10000 Thlr. dem v. D. als ein heimlich adjuto zugewandt worden.

Art. 179. Dafs durch des v. D. Schuld bei Einrichtung des Salzwesens u. weil die Rechnungen nicht zu rechter Zeit abgenommen worden, S. K. M. an die 197299 Thlr. und dem Lande über 2 Tonnen Goldes Schaden verursachet worden.

Die Veränderung wegen Abschaffung des Lüneburg. u. Einführung des halleschen Salzes sei in pleno resolvieret worden, und ihm dabei specialiter nichts zu imputieren. Auf die Ablegung der Rechnungen hätte er allezeit gedrungen und wäre der Obersalzfaktor Bönicke deshalb oft nach Halle verschicket. Er hätte auch allein die Salzsachen nicht dirigieret.

Ob die Sache in pleno resolvieret, werden die Geh. Rats-Protokolle müssen anzeigen, auf welchen Fall Ihm seine Entschuldigungen zu statten kommen würden.

Art. 188. Dafs Er geschehen lassen, dafs der Marinen-Kasse durch den Transport-Kontrakt de ao 1692 ohne genugsame Untersuchung 174000 Thlr. Schaden remittieret und die übrigen Capitalia in Gefahr gesetzet worden, und noch nachher in der Riper Konvention ohne S. K. M. Befehl der Compagnie jährlich noch 13000 Thlr. auf 10 Jahr über die vorher verwilligte 12000 Thlr. auszahlen lassen.

Er habe in sein particulier nichts gethan, sondern die Sache von der Marine sei alle Zeit in pleno traktieret worden u. hätte H. v. Knyphausen davon alle Zeit den Vortrag gehabt, wäre nicht ein, sondern 20 Mal vorgewesen. Könne aber extra acta darauf nicht antworten, deshalb er solennissime protestieret, weil er sich nicht geringsten zu erinnern wisse.

Dieser Punkt mufs ex actis von denjenigen, so von Marinen-Sachen Wissenschaft haben, deduciret u. dem Fisco suppeditieret werden.

Art. 191. Dafs Er geschehen lassen, dafs vor die Compagnie auf S. K. M. Domänen über $\frac{100}{m}$ Thlr. Leibrenten aufgenommen worden, und dazu verschiedene von S. K. M. unterschriebene Blanquete ausge-

Er hätte vor sich nichts gethan, sondern wäre alles in pleno resolvieret worden, auch was die Blanquete anlanget, darüber Hr. Bergius wie damit gehandhabet worden, das Register halten müssen.

stellet, die leicht können mifsbrauchet werden.

Weil der v. D. sich darauf berufet, dafs alles in pleno resolvieret so wird aus dem Geheimen Rat Fiscus müssen instruieret werden, wie u. welchergestalt dieses mit den Protocollis u. Bergii Registern übereinkomme.

Art. 197. Dafs, da ihm das Münzwesen mit anvertrauet worden, Er dennoch alle Verordnungen kontrasignieret, so schädlich sie auch gewesen.

Das Münzwesen sei Ihm nicht anvertrauet gewesen u. habe Er alle Zeit depreziieret, was aber in pleno resolvieret u. hernach ausgefertiget worden, hätte er müssen contrasignieren.

Bei diesem Punkt fehlet es an spezialen Exempeln zum Beweis.

Art. 203. Dafs Er in den Clevischen Domänsachen zu eines u. des andern faveur speziale Verordnungen ergehen lassen, wodurch die possessores übersehen worden.

Er hätte das Königl. Interesse nicht negligieret; aber auf Vorschlag der Kommissarien wäre von S. K. M. placitirt worden einen u. den andern glimpflicher zu tractiren, so auch zu gutem Effekt der Kommission geschehen.

S. K. M. haben sich hierauf agndst. deklarieret, dafs Sie sich dessen nicht zu erinnern wüfsten. Würden also die ehemaligen clevischen Domänen-Kommissarien anzuzeigen haben, ob etwas zu Präjudiz S. K. M. hohen Interesse geschehen; da aber in solchen Sachen von Königl. Verordnungen möchten vorhanden sein, so würde Fiskus mit der Imputation nicht fortkommen.

[Ex Classe V.]

Art. 204. Dafs Er die considerablen Subsidien mit genugsamem Fleifs nicht beitreiben lassen u. ob gleich an ordinären Kontribution-, an extraordinären Kopfsteuern Zeit seines Directorii ein grofses, eingekommen, Er dennoch die Kriegs-Kasse in 12 Tonnen Goldes in Schulden gerathen u. die Domänen dagegen beschweren lassen.

Die Acta würden geben, dafs zu Beitreibung der Subsidien aller Fleifs angewandt, dafs die Kriegs-Kasse in Schulden geraten, sei Ihm nicht zu imputieren, sondern das Kommissariat müfste darüber vernommen werden.

Weil dieser Punkt von grofser Weitläufigkeit und darin zu debattieren sein würde, was die Kriegskosten erfodert und wie dieselben menagieret worden, so dörfte der Beweis sehr schwer aufgebracht werden.

Art. 210 sqq. Dafs Er S. K. M. perfuadieret mit dem Herzog von Celle wegen der restierenden Römer Monat einen Vergleich zu treffen, darin Er von der Kaiserl. Assignation abgegangen.

Berufet sich auf die Acta, dafs Er darin vor sich nichts gethan.

S. K. M. haben agdst. befohlen hierin zu abstrahieren.

Art. 216. Dafs Er die Expektanz auf die Grafschaft Spiegelberg von dem Hause Braunschweig-Lüneburg vor sich negotiieret.

Die Negotiation sei auf S. K. M. Befehl geschehen.

Weil S. K. M. solches in derer Deklaration agdst. bekräftigen, so restieret dieser Punkt.

[Ex Classe VI.]

Art. 217. Dafs unter seiner Direktion cursus justitiae verschiedentlich wäre gehemmet worden u. dafs des Holzschreibers Hundtens Acta

General-Imputation wäre contra notorietatem. Hunds Acta wären fato liegen blieben, dafs sie nicht zur Jagd-Kanzlei kommen. In Belange Zeit bei ihm liegen blieben, der von Beville auch wegen seiner Grenz-Ziehung mit den K. Amtsdörfern nicht zur Richtigkeit gekommen.

ville Sache sei Ihm nichts vorkommen.

Die angeführten Exempel sind von schlechter Erheblichkeit.

Art. 222. Dafs Er in seinen Privat-Acquisitionibus contra jus et aequum gehandelt und in specie das Unruhische Salzgut zu Halle auf gewisse conditiones acquirieret, die Er doch nicht adimpliret, sondern der halleschen Kammer zur Last gelassen. 2) auch den Kammer-Rat Bexen wegen seines Salzgutes zu einem nachteiligen Vergleich gezwungen.

Generaliter negieret Er es und habe von dergl. Unbilligkeit einen herzlichen Abscheu gehabt. Bei Acquisition des Unruhischen Salzguts wüfste Er sich keines Unrechts, so dabei vorgangen, zu erinnern, wäre dabei etwas geschehen, so hätte es der Kammerrat Kraut gethan, welchem er doch jederzeit auf das Äufserste recommandieret, Ihm nichts zu acquiriren, so nicht optimo jure, ohne gewissen Beschwer u. böse Nachrede geschehen könnte. Und wäre ihm von der Last so der Kammer sollte gewachsen sein nichts bekannt.

2) In der Bex'schen Sache beteuert Er mit Gott, dafs er nimmer anders gewufst und geglaubt, als dafs derselbige eine blofse Expectanz, die S. K. M. nicht confirmiren wollte, gehabt hatte und hätte er Ihn zu einigem Vergleich niemals gezwungen. Es hätten Commissarii auch Bericht abgestattet, dafs die Sache ad ordinarium zu verweisen.

Mit der generalen Imputation wird weiter nichts zu thun sein. Wegen des Unruhischen Guts sei es an dem, dafs Unruhe es auf gewisse Conditiones refusieret u. S. K. M. die Herrn v. D. damit belehnet. Laut rescripti von 11. Sept. 93 sollte dem Unruh aus der Magdeburg. Kammer $^1/_2$ Koth ohne Pension auf seine Lebenszeit gegeben werden, dagegen die v. D. die Kammer dedommagieren und die Pension zahlen sollen. Weil nun der v. D. selbsten aussaget, dafs Er nicht wisse, ob es geschehen wäre, weil sein Unglück bald darauf erfolget, so würde Er noch dazu verbunden sein. Die Bexische Sache ist actio privata, die Er mit dem v. D. in judicio auszumachen hat.

Art. 231 sqq. Dafs Er in der Schwiebusischen Sache aus Privatabsichten die Königl. Avantage zu poussieren unterlassen, indem Er 1) vor seinen Sohn die Reichshofrats-Stelle erlanget 2) eine Expektanz auf das Kniggische Lehn vor seinen Bruder bei dem Kaiser ausgebracht. 3) u. vor sich wegen der Schwiebusischen Sache ein Präsent von 10 000 Thlrn. erhalten, hingegen aber vor S. K. M. nicht mehr als die Expektanz auf Lüneburg negotiieret.

Er sei so ferne davon, dafs er aus Wehmut wünschen möge, dafs der höchste Gott Ihm u. den Seinigen thue nach der Treue, die Er eben in dieser Sache um zu Erwerbung mehrerer Avantage als die erhalten werden können, erwiesen habe.

ad 1) sei sein Sohn von Wien aus zur Reichshofratsstelle vorgeschlagen u. wäre eine sonderliche Avantage vor die Religion gewesen, dafs Er admittieret worden.

ad 2) Die Expektanz auf seinen Bruder sei erst ausgebracht, nachdem die Retradition des Kreises wirklich resolvieret gewesen.

ad 3) Die 10 000 Thlr. hätte Er mit Vorwissen S. K. M. durch

Königl. Diener nicht wegen der Retradition von Schwiebus sondern wegen der Böhmischen Admission in dem Kurfürstl. Collegio auf dem Reichstage angenommen. Sonsten wäre es unmöglich gewesen mehres als Lüneburg zu erhalten.

Die angegebenen drei facta sind zwar nicht zu leugnen u. haben ihn einigermafsen verdächtig gemacht. Ob aber der v. D. die K. Avantage zu poussieren unterlassen habe, bleibet noch facti probandi u. weil seine Intention und animus schwer zu dijudizieren, Er aber in contrarium sich doppelt mit hohen Beteuerungen herausgelassen, so wird Fiskus ultra juramentum wohl weiter nicht kommen können.

Art. 246. Dafs er von dem Herzog von Schwerin ein privilegium wegen Zollfreiheit der Steinkohlen erhalten habe.

Es wäre keine sonderliche Gnade, weil er dergleichen von allen übrigen Herrschaften an der Elbe erhalten u. zwar habe Er diese Zollfreiheit erhalten, ehe die Mecklenburg. Sache angegangen.

Bei solchen Umständen würde dieser Punkt wenig gravieren.

Art. 247. Dafs Er seinen Privatnutzen zu Cöpnick u. Spandow bei den Werken u. Künsteleien daselbst gesuchet und sonderlich bei Erhandlung des Amtes Neustadt a. d. Dosse von dem H. Landgrafen sich eine Privat-Avantage bei dem hohen Ofen ausgedungen u. erhalten habe.

Er verneinet solches, sondern hätte allezeit S. K. M. Nutzen gesucht, wie Er denn über 5000 Thlr. zugesetzet bei der Transmutation Martis in Venerem.

Die Avantage bei dem hohen Ofen hätte Er sich nicht ausgemacht, sondern der H. Landgraf den hohen Ofen von Ihm, dem v. D., bei Schliefsung des Kontrakts ausbedingen wollen. Er aber solches nicht zugeben wollen, u. es S. K. M. erfahren, so hätten dieselbe gewollt, dafs Ihm die Hälfte des mehrbesagten hohen Ofens bleiben sollte, so auch bis zu seiner Dimission also geschehen wäre.

Hierüber werden sich S. K. M. agndst. manifestieren.

Art. 249. Dafs er dem Raulé einen sehr vorteilhaften, S. K. M. u. dem Land schädlichen Holzhandel zu Wege gebracht u. darunter seinen Privatnutzen mitgehabt u. den 8. Teil des Profits genossen.

Dieser Handel sei abgezielet gewesen damit die andere Verwüstung des Holzes im Lande möchte verhütet werden. Einen Anteil des Profits anzunehmen sowohl bei S. K. M. als bei Raulé hätte er sich alle Zeit geweigert, dieses aber könne er nicht leugnen, dafs Raulé in der Rechnung de ao 1692 da man in procinctu nach Preufsen zu gehen gewesen, ihm ein Anteil seines Profits zugeschrieben, da Er die Rechnung zwar angenommen. Er wäre aber nicht der Meinung gewesen, auch noch nicht, solche Rechnung passieren zu lassen.

Hier würde Fiskus die Rechnung von dem H. v. D. sich müssen produzieren lassen u. daraus urteilen, wie weiter hier könnte prozedieret werden.

Art. 252. Dafs Er die Meniusburg zu Wettin, welche doch S. K. M. vor die magdeb. Kammer

Diese Sache devolviert der von D. auf den ehemaligen Kammerrat Krauten, als welcher Ihm das erkaufen u. die Intraden davon 3 Jahr lang wirklich genossen u. berechnet worden, an sich gebracht und der Kammer entzogen u. zwar unter allerhand unerfindlichem Prätext, auch dafs zu Verdunklung der Sache die rubriques wegen dieses Guts aus der Rechnung müssen ausgeschnitten werden.

Gut angetragen. Wann Er die geringste Unrichtigkeit in den Sachen würde vermerket haben, würde von ihm nichts sein gewilliget worden, Er hätte sich aber auf Krauten verlassen. Wegen Ausschneidung der Blätter wäre ihm nichts bewufst.

Dieser Punkt wird wider den v. D. ex actis ziemlich können deduzieret werden u. wird man dann sehen, wie Er sich dagegen defendieren wird.

Art. 270. Dafs er den Rothenburgischen Amtshof in Wettin ao 95 auf 6 Jahr von der Kammer jährlich auf 1000 Thlr. gepachtet u. hinwieder sofort vor 1450 Thlr. sublocieret.

Er habe sich auf den Kammerrat Kraut als einen verpflichteten Diener verlassen, hätte der etwas unrichtiges gethan, so wäre es wider seine, des v. D. Intention gewesen.

Dieser Punkt kann in den vorigen deduzieret werden.

Art. 271. Dafs Er das Gut Zimmerbude in Preufsen, welches auch der Kammer inkorporieret gewesen, an sich gebracht.

Es wäre Ihm solches Gut auf Interzession der Preufs. Oberräte v. S. K. M. in der letzten Geh.-Rats-Session ganz unvermutet agdst. konferieret worden, weil es ein kaduziertes Taubenheimisches Lehn gewesen.

S. K. M. werden die Umstände am besten bekannt sein, u. wenn es sich dergestalt, als der v. D. angegeben, verhalten, wird wider Ihn desfalls nichts zu obtinieren sein.

Art. 272. 279. Dafs Er auch das Wettinische Steinkohlenwerk an sich zu bringen gesucht u. dem Bergwerk ein Privilegium unter seiner Kontrasignatur den 12. Dec. 1691 zu Wege gebracht, welches dem Regali Principis sehr präjudizierlich u. wider alle Bergrechte u. Gewohnheiten läuft, auch von dem v. Knyphausen über 80 Kucksen zu der Zeit geschenket genommen, da eine gewisse Münzinquisition vorgewesen, die damals ins Stocken gekommen.

Er hätte mit grofsem hazard dieses Werk, welches so oft vergeblich tentieret worden, zum Stande gebracht, wäre also unglücklich, dafs es Ihm zu Beschuldigung dienen müsse. Das Privilegium sei in pleno debattieret u. habe man dafür gehalten, dafs darin nichts enthalten, so nicht de concedendis wäre. Er erinnere sich nicht mehr als 20 Kucksen geschenket erhalten zu haben, hätte aber wohl 100 von Knyphausen haben können, wenn er es verlanget hätte, weil das Werk in miserablem Zustande gewesen sei. Er wisse von keiner Münz-Inquisition so damals vorgewesen.

Wegen des privilegii, wenn solches ja einige präjudizierliche Dinge in sich begreifen sollte, würde das Geheime Rats-Protokoll nachzusehen sein, ob es in pleno resolvieret worden, welchenfalls der v. D. nicht würde responsable sein. Wegen des übrigen wird es Fisco an Beweis fehlen.

Art. 279. 280. Dafs Er zu desto profitablerem Betrieb seiner Steinkohlen den Schleusenbau auf der Saale veranlasset, wozu 128000 Thlr. erborget u. von der magdeb. Kammer verzinset werden müssen.

Negat, dafs er der Ursache wegen den Schleusenbau angegeben. Die Sache sei in pleno debattieret worden.

Zu Überführung des v. D. wird der Beweis müssen suppeditieret werden, den man noch nicht zureichend sieht, insonderheit wenn die Sache in pleno resolvieret.

Art. 282. 289. Dafs Er diejenige Schwedische Obligation von 26000 Thlrn., die der Obrist Dörff-

Weil es nicht vor S. K. M. schicken wollen in dero hohem Namen die Schuldforderung in ling S. K. M. zedieret, unter dem Vorwand, als wenn sie ihm von S. K. M. geschenket worden, behalten u. eine Zession auf sich von den Dörfflingschen Erben genommen.

Schweden beizutreiben, gleichwohl die Konjunkturen also beschaffen gewesen, dafs man sich Hoffnung gemachet etwas zu erhalten, so sei die Zession mit S. K. M. Approbation auf Ihn gerichtet worden. Nachdem aber die Konjunkturen in Schweden sich wieder geändert u. sein Unglück dazu gekommen, so wäre die Obligation noch vorhanden u. könne allezeit extradieret werden.

Wenn S. K. M. dieses agdst. also approbieret gehabt, so wird der v. D. extra suspicionem doli sein u. die Obligation nach agdstm. Gefallen können zurückgenommen werden.

II.

(Zu S. 66 ff.)

Zur Untersuchung gegen Kraut.

1. Kurze und aktenmäfsige Anzeige der Verbrechen des etc. Kraut.

(Auszug.)

1. Durch die von ihm veranlafste Änderung des Salzwesens sind von 1688 bis 1698 $\frac{200}{m}$ Thaler Schulden entstanden.

2. Er hat eigenmächtig über kurfürstliche Gelder verfügt, über Besoldungen und gratialia disponiert und dergl.

3. Ohne kurfürstliche Erlaubnifs hat er grofse Summen auf hohe Interessen aufgenommen.

4. Er hat hallesche Renteigelder zu Einrichtung des dortigen Salzwesens gebucht, sie als seinen Vorschufs angegeben und dann 13228 Thlr. als Interesse gerechnet,

5. und zwar zu 6, statt der in Magdeburg üblichen 5%.

6. Er hat seine eigene Besoldung unter die zinsbaren Kapitalien angesetzt und Zinsen dafür angerechnet.

7. Er hat die Interessenrechnung selbst geführt und dafür namens der Salzfaktorei quittiert.

8. Er hat statt der guten blechernen bleierne Pfannen eingeführt, die öfters löcherig werden.

9. Er hat auf den Brauch der Steinkohlen keine rechte Acht geben lassen; daher geschehen, dafs die Pfänner, welche sich der Steinkohlen bedient, wohlfeiler und besser Salz gesotten.

10. Zu Sohle hat er 9 Kote für sich gekauft und, als sie sich als schlecht herausstellten, ohne kurf. Befehl für 42000 Thlr. an die Kammer verkauft.

11. Um den schädlichen Kauf zu decken, hat er diese Kote an den Landrath von Münchhausen hoch verpachtet und ihm dagegen versprochen, ihm eine gewisse Anzahl Lasten Salz wieder für die Kurf. Salzfaktorei abzunehmen.

12. Die Meniusburg hat er Danckelman zugeschanzt und

13. aus den magdeburgischen Rechnungen die darauf bezüglichen Blätter ausschneiden und eine „äufserlich ehrliche“ neue Schreibung machen lassen.

14. Einen falliten Krahmer, der ihm 2000 Thlr. schuldig gewesen, hat er zum Kammerschreiber in Halle gemacht und die Hälfte seines Gehalts zur Abzahlung genommen.

15. In den Kassen hat er Konfusion angerichtet.

16. Die sechs Saalschleusen hat er zu teuer bauen lassen, teurer als die vom Herzog von Anhalt-Bernburg gebaute.

17. Bei der Hofstaatskasse hat er eine Zinsrechnung gemacht, als

ob er 50000 Thlr. vorgeschossen habe, „da er doch schon etliche Monat vorher soviel Tausend in Händen gehabt aus der märkischen Landschaft."

„Dergleichen Stücke sind noch mehr vorhanden, die man aber anzuzeigen zu weitläuftig befindet."

2. Erlafs des Königs an den Generalfeldmarschall, den Obermarschall, den Schlofshauptmann und die Geheimen Kammerräthe Bartholdi und v. Luben.

Vom 6. Juli 1705.

. . . . . weil der etc. Kraut seine Oberrentei- und Hofstaatsrechnungen vor Unserem Obermarschall und Schlofshauptmann völlig justifizieret und vermöge Ihres Berichtes noch 6049 Thlr. 12 Gr. baar herauszubekommen hat.

2. die siebzehnjährigen Quittungen seiner Magdeburgischen Landrenteirechnungen vorgeleget,

3. einen Extract der von ihm vor acht Jahren verpachteten und erhöheten Ämter vorgeleget und behauptet, dafs die Erhöhung in der nun verflossenen Pachtzeit richtig eingekommen ist ohne Remission,

4. des Salzwesens halber zu Halle von dem verstorbenen Salzfaktor daselbst Martin Krügern und Salzschreiber Jungen einige Extrakte beileget und daraus zeiget, dafs alles zu Halle in zehn Jahren gesottene nicht höher als das Lüneburgische käme, ja gar wegen alles von ao 1688 bis 98 aus Halle nach Berlin gelieferten Salzes sich als ein Pächter offerieret und mit Interesse und allen Unkosten bis an die Elbe vor jede Last durch die Bank nur 21 Thlr. und also nicht mehr, als wie vor das lüneburgische gegeben, begehren will, dadurch der Uns vormals vorgestellete Schaden von zwei Tonnen Goldes und dafs jede Last Salz zu Halle 29 Thlr. 20 Gr. gekostet hätte, wegfallen würde.

5. Wegen der auf Unsern allergnädigsten Befehl vor acht Jahren auf der Saale erbauten sechs steinernen Schleusen und Schiffen will er aus den bisherigen Erträgen und neuen Verpachtungen darthun, dafs die Schleusen und Schiffe nicht zum Schaden erbauet waren, sondern ein wahres Interesse abwürfen, er selbst erbietet sich es für 7000 Thlr. jährliche Pacht zu übernehmen.

Produzieret zugleich eine mit dem Salzfaktor Krügern am 30. Dec. 1696 gehaltene Abrechnung und daraus weisen will, dafs er nicht allein zum Salzwesen 25566 Thlr. 15 Gr. 4 Pf., sondern auch zum Schleusenbau 34092 Thlr. 17 Gr. 2 Pf. hergeliehen und also an beiden Kassen zusammen per Vorschufs gehabt 60658 Thlr. 22 Gr. 6 Pf., solche auch von Rentei-Sekretär Bottmann wiederbekommen, nicht aber das Interesse vor die 34092 Thlr., die habe er noch bis heuer an der Schleusenbaurechnung zu fodern, und habe dahero solch Interesse aus dem Kammer-Manuale, in dem er es ad interim notiren lassen, nicht aber nein gehöre, wieder auslöschen lassen.

6. Wegen des Gutes zu Wettin, so der von Danckelman zu sich genommen, thut er durch ein Reskript von dem von Knyphausen gezeichnet dar, dafs Wir die Uebergabe des Gutes also gnädigst befohlen und dafs der von Danckelman das ganze Kaufpretium, Interesse und Baukosten vor dieses Gut durch seine des Krautens Vigilanz hätte bezahlen müssen, da er sonst doch alle anderen Güter umbsonst bekommen.

Und letzlich Uns einen Weg bauen will, wie Wir aus frembden Landen eine ganz neue Intrade von jährlich 20000 Thlrn. und mehr erlangen sollen.

. . . . . solches Alles zu untersuchen, damit Wir ihm zufolge Unseres unter dem . . . Dec. 1702 ertheileten Reskriptes Justiz und befindenden Umständen nach auch Restitution erteilen.

(Konzept Hamraths.)

FSC
www.fsc.org
MIX
Papier | Fördert gute Waldnutzung
FSC® C083411

Kolibri 360 GmbH
Ferdinand-Jühlke-Straße 7
99095 Erfurt, Deutschland
produktsicherheit@kolibri360.de

Druck:
CPI Druckdienstleistungen GmbH
im Auftrag der
Kolibri 360 GmbH
Ferdinand-Jühlke-Str. 7
99095 Erfurt